KB179592

**발표할 때, 토론할 때, 친구들 앞에서
말하기와 발표 똑 부러지게 해결하는 10대**

초판1쇄 발행 2023년 11월 20일

지은이 김문영
그린이 신종훈
펴낸이 정광진

펴낸곳 봄풀
디자인 모아김성엽

신고번호 제406-3960100251002009000001호
신고년월일 2009년 1월 6일

주소 주소 경기도 고양시 일산동구 숲속마을2로 141
전화 031-955-9850
팩스 031-955-9851
이메일 spring_grass@nate.com

ISBN 978-89-93677-84-3 43700

02 문제 해결하는 10대

김문영 글 / 신종훈 그림

뭐? 쏘옥
내 말과 발표에
빨려든다고?

발표할 때, 토론할 때, 친구들 앞에서
말하기와 발표
똑 부러지게 해결하는 10대

봄풀

여전히 '따뜻한 말하기'를 선택할 거예요

저는 늘 '말'이 고팠어요. 그래서인지 일찍부터 '친절하다, 따뜻하다' 같은 뜻을 가진 표현에 마음이 끌렸어요. 짐작건대 그 시대 다른 부모들처럼 자식을 사랑하긴 하나 존중하지 않고 함부로 말하는 부모님 밑에서 컸기 때문이 아닐까 싶어요. 하지만 그 '고픔'은 저를 더 적극적이고 맹렬하게 친절한 사람으로 만들었어요. 사는 게 힘들다고 호소하는 사람에게 "도대체 뭐가 힘든데?"라며 따지듯 하지 않고 "궁금해. 말이 나온 김에 네가 하고 싶은 말 다 해봐."라며 마음과 귀를 활짝 열었죠. 어두운 곳으로 굴러떨어진 그의 마음자리로 향하는 '따뜻한 스피커'가 된 거죠.

좀 이해하기 어려운 상대의 말에도 언제나 이유가 있을 거라고 생각해요. 그건 다른 사람들도 제 말을 그렇게 받아들여 주었으면 하는 마음 때문이죠. 그런데 그 과정에서 오히려 저와 제 '말'이 성숙해졌어요. 다른 사람에게 친절한 말로 다가갔던 게 결국은 나를 단련하고 성장시켰던 것이죠.

"만약 '옳음'과 '친절' 가운데 하나를 선택해야 한다면 '친절'을 택하라."

선천성 안면기형으로 집에서만 공부하다가 용기를 내어 헬멧을 쓰고 학교에 간 소년 어기(Auggie)가 주인공인 영화에 나오는 말입니다. 《아름다운 아이》라는 소설을 영화화한 〈원더(Wonder)〉(스티븐 크보스키 감독)인데요. 누구나 외면하는 끔찍한 얼굴이지만 사실은 누구보다 유머러스하고 호기심 많은 어기가 자신의 약점을 어떻게 특별함으로 바꾸는지 보여주는 놀라운 영화예요. "누구나 살면서 한 번은 기립박수를 받아야 한다."는 말도 인상적입니다. 사람들은 모두 남들이 모르는 사정이 있고 힘겹게 살고 있기 때문이죠. 그러니 열쇠는 내가 '옳다'는 확신보다 '친절'입니다.

'친절한 말'은 가장 간편하고 쉬운 실천이 아닐까요? 많은

10대 친구들이 자신은 말을 못한다고 생각해요. 그래서 꼭 하고 싶은 말도 꿀꺽 삼켜버리는 경우가 많죠. 그들의 마음속 결핍과 두려움이 느껴져요. 하지만 그 속에는 '말 잘하는 사람'이 되어 자신의 꿈을 이루고 싶은 열망도 함께 숨어 있더라고요. 실은, 저도 그랬거든요.

이제는 마음속 깊이 간직해 왔던 열정적인 소원들을 하나씩 꺼내야 해요. 드디어 내가 원하는 꿈과 연결할 때가 된 것이죠.

어떤 사람은 '말 실력' 덕분에 능력보다 훨씬 더 많이 인정받으며 기회를 얻고 다양한 경험을 쌓아나가요. 반면, 어떤 일을 시도하고 도전할 때마다 '말하기'가 걸려 평생 짐이 되는 사람들도 있어요. 말을 못하면 불편하고 손해를 보는 것은 분명하답니다. 10대 여러분도 학교생활이나 친구들과의 관계에서 한번쯤은 느껴보았을 거예요. 또 배우 중에도 목소리에 따라 비중 있는 역할을 맡거나 그렇지 못한 배우가 있어요. 말투로 인해 이미지에 큰 타격을 입거나 신뢰를 잃는 변호사와 정치인도 있고요.

우리는 늘 말 잘하는 사람을 부러워해요. 그러면서도 '말하기'는 쉽게 넘지 못할 장벽처럼 생각하고 어려워하죠. 하지만 그렇지 않아요. 저는 확신해요. 목소리와 말하기는 단시간에 배우고 고칠 수 있는 기술의 영역은 아니지만, 방법을 알고 익히기만 하면 누구나 원하는 변화에 도달할 수 있다는 걸요.

'선한 영향력을 미치는 말하기', '진심과 따뜻함이 깃든 목소리로 말하기', '목표를 이루는 말하기'는 누구라도 가능해요. 자신을 믿고, 꺾이지 않는 마음으로 연습하며 관리해 나가는 습관을 들이기만 한다면 말이죠.

영화 〈원더〉의 주인공 소년 어기처럼, 이 책이 우리 친구들의 닫힌 마음과 말문을 트이게 하고 평범함을 특별함으로 바꾸는 작은 열쇠가 되었으면 좋겠어요.

차 례

3장 이럴 때는 이렇게 말하세요

1장

말하기 능력은 모든 일에 중요해요

말을 꼭
잘해야 하나요?

10대 친구들은 저를 만나면 종종 이렇게 물어요.

"선생님, 저는 지금도 말하는 데 별문제가 없는데 '말하기'를 꼭 배워야 하나요?"

"말을 좀 못해도 되지 않나요?"

제 입에선 어떤 대답이 나올까요? 하하 호호 웃으며 수업을 하다가도 이런 질문이 나오면 곧바로 단호박이 됩니다.

"안 돼요! '말하기'는 사람에게 꼭 필요한, 갖춰야 할 기본 항목이에요. 여기 있는 친구 중에 다른 사람과 말 안 하고 살 수 있는 친구 있나요? 없죠? 사람은 누구나 평생을 다른 사람

말하기 능력은 모든 일에 중요해요

들과 어울려 이야기를 나누며 살아요. 어른, 아이, 여자, 남자 할 것 없이요. '말하기'는 수업 시간에 해야 하는 발표 때문이나 성적을 잘 받기 위해 배우는 것만은 아니에요."

그러면서 살짝 경고를 곁들이죠.

"말하기는 초등 때부터 중등까지의 경험과 습관이 평생 이어진다고 해요. 10대 시절에 말하기를 의식적으로 연습하고 훈련해야 한다는 거죠. 그러니 이제 도망칠 생각은 접고 기회가 왔을 때 '말하기'를 갈고 닦는 게 좋을 거예요. 어른이 돼서 고치려면 두 배 세 배 힘들거든요."

그러면 또 고개를 갸우뚱하며 꿈을 이루거나 원하는 직업을 갖는 것과 말을 잘하는 게 무슨 관계가 있는지 묻는 친구들이 있어요.

말하기는 아주 오래전부터 시대를 떠나 늘 중요했지만, 특히 코로나 팬데믹 기간 비대면 소통이 늘어나면서 훨씬 더 중요해졌어요. 집에서 컴퓨터 화면으로만 수업하고 만나서 이야기를 나누지 못하니 상대의 감정을 느낄 수 없었죠. 그러다 보면 단어 하나가, 한마디 말이 자칫 큰 오해를 불러일으킬 수도 있거든요. 친구들 사이에서도 그러기 쉬운데, 하물며 어른들 세계인 직장이나 일터에서 일과 관련해 그런 일이 일어난다면 어떻게 될까요? 약간의 오해 정도가 아니라 회사가 많은 손해를 보게 될지도 몰라요. "말 한마디에 천 냥 빚을 갚는다."라는 속담이 그냥 나온 게 아니죠.

게다가 지금은 '1인 1크리에이터' 시대예요. 유튜브 등 개인이 하는 방송을 통해 자기가 좋아하고 잘하는 걸 다른 사람에게 언제든 전달할 수 있죠.

언젠가 제 수업을 듣고 지은이라는 학생이 이렇게 말했어요.

"시각디자이너가 되어 유튜브로 다른 사람에게 그림 그리는 방법을 가르쳐주고 싶은데요. 그런데 제가 목소리도 작고 떨림이 있는 데다 말도 너무 더듬어서 안 될 것 같아요."

목소리가 작고 말을 더듬을 때가 많다는 이유로 하고 싶은 일 중 하나를 이미 포기해 버린 거죠. 만약, 지은이가 평소 말을 잘했다면 어땠을까요? 꿈의 실현을 위해 준비하고 한 번쯤은 도전해보지 않았을까요?

그렇다면 말을 잘하는 사람은 그렇지 않은 사람보다 더 행복할까요? 전부 그런 건 아니겠지만 그럴 가능성이 정말 커요. 가끔 친구나 엄마 아빠, 선생님 등에게 어떤 말을 듣고 기분 나빴던 적이 있었을 거예요. 물론, 좋을 때가 더 많았겠지요. 그건 반대로 내가 어떻게 말하느냐에 따라 친구를, 엄마 아빠

를, 선생님을, 사람들을 기쁘게도 슬프게도 할 수 있다는 것과 같아요. 말하기는 그렇게 중요한 거예요. 남에게 상처를 줄 수도, 행복하게 만들 수도 있죠. 나로 인해 상대가 행복해하면 나도 엄청 행복해진답니다.

또 학교 수업이나 수행평가 중에 발표나 토론을 할 때도 좋은 평가를 받을 수 있어요. 특목고나 대입, 취업의 중요한 관문인 면접 등을 볼 때도 유리하고요. 말을 잘하면 자신의 목표에 도달할 가능성이 크다는 건데요. 행복에도 한 걸음 성큼 다가가게 됩니다. 말을 잘하면 자기 주도적인 삶을 살 가능성 또한 커요. 문제 해결 능력과 자신감을 바탕으로 어디에서든 리더십을 발휘한답니다.

그럼 말을 잘한다는 건 어떤 걸까요?

말하기는 선천적으로 타고나는 게 아니에요. 좀 더 자세히 말하면 운동과 과학의 원리가 숨어 있어요. 호흡, 목소리, 발음, 자신만의 톤 등 여러 가지 말의 요소를 배우고 찾아내야 하죠.

그렇다면 그런 요소들의 기술만 익히면 말을 잘하게 될까요? 아니에요. 말은 자신의 정체성이자 인격과 됨됨이를 드러내는 도구예요. 기술들을 아무리 잘 갖추었다고 해도 마음가

짐이 안 되면 결코 말을 잘한다고 할 수 없어요. 그 마음가짐이란 내가 함께 살아가는 공동체, 즉 가정이나 학교, 동아리 등에서 가족, 친구, 지인의 생각과 마음을 잘 헤아리는 것, 그래서 자기 생각과 마음을 상대가 불편하지 않게 말로 따뜻하게 전하려는 태도예요.

가족이나 친구들로부터 말을 좀 못한다는 평가를 듣고 있나요? 실망하지 마세요. 따뜻하게 말하고자 하는 마음만 있다면, 연습과 훈련을 통해 얼마든지 잘할 수 있는 게 말이니까요.

말만 하려고 하면
떨리나요?

가족 앞에서는 목소리도 크고 하고 싶은 말도 거침없지만, 친구들 앞에서는 할 말도 잘 못 하고 소극적으로 변하는 친구가 있어요. 또 친구들 사이에서는 인기도 꽤 있고 웃기기도 잘하는데 발표 순서가 다가오면 몸이 달달 떨리는 친구들도 있죠. 왜 그런 걸까요?

다음의 네 가지 원인 중 나는 어디에 해당하는지 잘 살펴보세요.

첫 번째는 경험 부족 때문이에요.

생각해봐요. '말하기'에 자신이 없어서 말할 기회를 요리조리 피하지는 않았나요? 모둠 활동으로 과제를 할 때도 자료 만드는 역할만 할 뿐 발표는 늘 다른 친구에게 넘기지는 않았나요? 발표는 대체로 늘 하던 친구가 해요. 그러다 보니 그 친구는 더 말을 잘하게 되고 발표에도 자신감이 붙어요.

그럼 말하기와 발표를 피하면 어떻게 될까요? 점점 더 자신감을 잃고 도망만 다니게 돼요. 하지만 살다 보면 피할 수 없는 순간이 있어요. 동아리에 들어갈 때나 수업에서 발표자로 정해질 때 등인데요. 그제서야 '나도 평소에 발표 좀 할걸!' 하고 후회하죠.

두 번째는 부정적 잠재의식 때문이에요.

중학교 2학년이던 지원이가, 일곱 살 때 유명 학습지 회사가 주최하는 영어 발표대회에 나갔던 이야기를 들려주었어요. 당연히 잘할 줄 알았는데, 무슨 이유에선지 단상에서 완전히 얼어붙어 입 한 번 제대로 열지 못한 채 울며 서 있다 내려왔다는 거예요. 그 뒤부터 말이 막히고 심지어 더듬는 현상까지 나타났다고 해요. '말하기'에 부정적인 잠재의식이 생겨버린 거죠.

그런 경험은 수치스러워서 쉽게 잊히지 않아요. 그 자리에 있던 다른 사람들은 금방 잊지만 정작 자신은 오랫동안 기억하죠. 지원이처럼 말하기를 멈추거나 '나는 말을 못 하는 사람'

이라고 스스로 단정을 내리게 되는 거예요. 만약, 그렇다면 그 시점으로 돌아가서 그것이 큰 실수나 잘못이 아님을 스스로에게 말해주어야 해요. 누구나 그럴 수 있다는 걸 자신에게 확인시켜 줌으로써 자유로워져야 해요.

세 번째는 선천적으로 타고난 병리학적 이유 때문이에요.

저의 둘째 아이는 어렸을 때부터 노래 부르기를 좋아했어요. 학교 축제 등 행사 때마다 친구들과 선생님들 추천으로 자주 노래를 불렀죠. 그런데 어느 가을, 축제에서 부를 노래 연습을 하다가 의외의 고민을 털어놓더군요. 무대 위에서 노래만 하려고 하면 마이크를 쥔 손이 덜덜 떨리다 못해 심지어 다리와 머리까지 흔들려 창피해서 못 하겠다고요. 언제부터 그랬냐고 물으니 언젠가 한 친구에게서 "야, 너 너무 떤다. 손 떠는 것 좀 봐."라는 말을 들었다는 거예요. 그 순간 '아, 진짜 왜 이러지. 한두 번 한 것도 아닌데!'라는 생각이 들면서 후들거리는 손을 더 주체할 수 없었다고 했죠.

저는 '이유가 정말 그것 때문일까?' 하는 의문을 가졌어요. 사실, 저도 오래전 음악회 사회를 볼 때, 무대 뒤에서 대기하고 있는데 마이크를 쥔 손이 너무 떨려 어떡해야 할지 몰랐던 적이 있었거든요. 그때 둘째 아이와 똑같은 생각을 했어요.

말하기 능력은 모든 일에 중요해요

'어, 이상하네. 가슴은 별로 안 떨리는데 손이 왜 이렇게 떨리지? 떨림이 멈추지 않는데 어떡하지?'

그 즉시 아이 손을 붙잡고 병원을 찾아갔어요.

"'본태성 진전증'입니다. 중요한 시험이나 무대에 설 때 몸이 떨려 제대로 못 할 것 같은 생각이 들 때는 약을 먹으면 괜찮아져요. 몸에 해롭지도 않으니 걱정 안 하셔도 되고요."

심리적 이유가 아닌, 특정한 긴장 상황에서 손과 몸이 과도하게 떨리는 선천적인 증상이라고 의사 선생님은 대수롭지 않게 말씀하셨죠. 그러자 수전증도 아닌 엄마가 가끔 손을 떠는 걸 보고 느꼈던 의문까지 풀렸어요.

그런데 신기한 일이 일어났어요. '본태성 진전증' 진단을 받은 후부터는 저와 아이에게 그 증상이 다시 나타나지 않는 거예요. 약도 안 먹었는데요. '발표가 떨리는 게 아니고 손발만 떨릴 뿐이구나!' 원인을 파악한 것만으로도 문제가 단번에 해결되었던 것이죠.

네 번째는 '준비 부족' 때문이에요.

준비가 부족하면 발표할 때 자신감이 떨어져 더 떨릴 수밖에 없어요. 반대로 준비가 잘 되었을 때는 오히려 '어서 발표하고 싶다'는 생각이 들기도 하는데요. 이때의 '준비'란 파워포인

트로 자료를 열심히 만드는 것만이 아니에요. 자료를 만든 후 머릿속으로만 연습하지 않고 '일어서서', '말'로 실제처럼 발표를 해보는 것까지 말해요. 흔히 리허설이라고 하는 이 연습을 적게는 3번, 많게는 10번까지 해봐야 해요. 원고를 달달 외우지 않고도, 각 주제별 키워드만 보고도 발표를 이어갈 정도가 되어야 준비가 끝난 거니까요.

한 스포츠 기자가 운동선수로서의 성공과 실패를 가늠하는, 일생일대의 중요한 경기를 앞둔 선수에게 물었어요.

"큰 경기를 앞두고 전 국민이 지켜보고 있는데요. 긴장되고 떨리지는 않나요?"

선수는 이렇게 말했어요.

"아니요. 오늘을 위해 진짜 열심히 준비했습니다. 지금 무척 설렙니다."

정말 긴장되지 않았을까요? 마음속에 압박이 하나도 없었을까요? 아니었을 거예요. 운동선수들은 실제 경기에 돌입했을 때의 내적 부담감을 없애기 위해 최선을 다해 반복적으로 훈련한 후 결전의 순간에 서요. 그러면서 긴장과 떨림을 어느새 설렘으로 바꾸는 거죠. 한시라도 빨리 보여주고, 승부를 내고 싶어 몸이 근질근질해진답니다. 뇌과학자들의 말에 의하면 실

말하기 능력은 모든 일에 중요해요

제로 우리 뇌는 떨려서 긴장하는 상태와 기분 좋은 설렘을 같은 감정으로 인식한다고 해요.

한 자동차 회사의 연구원은 프레젠테이션 전에 일부러 리허설을 하지 않았다며 저에게 이렇게 말했어요.

"리허설 생각만 해도 구토가 올라오거든요. 자료를 열심히 준비했으니 당일에는 그냥 눈 딱 감고 해야지 생각했죠."

하지만 그렇게 눈 딱 감고 해치우듯 해버렸던 그동안의 발표가 매번 만족스럽지 않고 너무 큰 스트레스로 다가왔다며 저를 찾아온 거예요.

저는 그에게 매주 자신의 목소리를 녹음하고 영상을 촬영하라며 과제를 내주었죠. 별로 듣고 싶지 않고, 보고 싶지 않은 자신의 목소리와 얼굴을 매일 규칙적으로 마주하도록 말이에요. 3주 정도 지나니 드디어 자신의 목소리와 친해졌고, 몸짓언어나 목소리에도 당당함이 묻어나기 시작했어요. 자연히 자기 자신에 대한 믿음과 확신도 커졌죠. 그는 회복한 자신감을 바탕으로 책을 써서 지금은 베스트셀러 작가가 되어 활발한 강연을 다닌답니다.

괴산의 한 고등학교 친구들을 대상으로 말하기 캠프를 진행한 적이 있어요. 단아하고 아기자기한 가을 산과 잔잔히 흐르는 강에 둘러싸인 예쁜 학교였는데요. 잊을 수 없는 건 아름다운 경치가 아닌 한 친구의 캠프 후 피드백이었어요.

"선생님 저는 발표 잘하는 사람은 타고나는 줄 알았어요. 그동안은 어떻게 발표를 준비하고 연습해야 하는지를 잘 몰랐던 것 같아요. 오늘 실습을 해보니 발표가 아주 만만하고 재밌게 느껴졌어요. 불안이 오히려 과제 준비와 연습을 더 하도록 만들어주는 계기가 되고, 말하기에 도움이 된다는 말씀이 오늘 가장 기억에 남습니다. 이제 발표할 때 떨리면 '아, 설레는구나' 하고 생각할 거예요."

'나는 말할 때 남 앞에서 떨지 않는다.'고 생각하는 사람은 '말하기'를 쉽게 여기는 경향이 있어요. 그래서 준비 없이 말을 하죠. 그러다 잘하면 '역시 나는 말을 잘해.'라며 자만하고, 못하면 '오늘따라 말발이 안 서네.'라며 별일 아니라는 듯 가볍게 넘기죠. 그러다가 또 어떤 날은 '바보같이 왜 그렇게 말했을까?' 속으로 후회하며 이불킥을 하기도 하지만 다음에 또 똑같은 실수를 반복하는데요. 이런 사람들은 성장이 잘 안 돼요. 오히려 발표 불안을 가진 사람이 말을 진지하게 대하고, 성의 있게 준비하며, 연습도 많이 해서 더 좋은 발표를 한답니다.

불안은 '극복해야 할 문제'가 아니라 '발표를 더 잘하게 만드는 요소'인 거예요.

커뮤니케이션 전문가들은 말은 내가 어떤 사람인지 보여주는 '자신의 정체성'이라고 말해요. 즉, '말' 그 자체가 나를 나타내는 거울이고 나의 수준이죠.

발표를 위해 사람들 앞에 나서는 순간, 어떻게든 나는 그 시간을 혼자 책임져야 해요. 그러기 위해 열심히 준비하고 연습하다 보면, 어느 순간 사람들이 내 말에 집중하고 있음을 보게 되는데요. 바로 그때 말로 표현할 수 없는 짜릿함과 설렘을 경험하게 됩니다.

어때요? 불안이 짜릿함과 설렘으로 바뀌는 순간을 여러분도 느껴보고 싶지 않나요?

말하기 능력은 모든 일에 중요해요

말하기는
타고나는 걸까요?

우리는 '말을 잘하는 능력'에 대해 여러 가지를 오해하고 있어요.

첫 번째는 '말을 잘하는 능력은 원래 타고난다.'라는 거예요.
정말 그럴까요? 흔히 하는 말처럼 '타고난 말발'이란 게 있을까요? 아니에요. 운동처럼 규칙적으로 연습해야 발전하고 잘하게 되는 게 말하기예요. 원리대로만 하면 누구나 잘할 수 있는 과학이죠.
물론, 원래부터 잘하는 것처럼 보이는 사람들도 있어요. 말을 할 때 자신에 가득 차 있고, 거침이 없으며, 표현하기를 좋아하는 사람들이죠. 그런데 사실 비결을 물어보면 다른 이들 앞에서 말을 자주 하게 되면서 실력이 늘었다고 해요. 말을 잘 하는 사람은 타고나는 게 아니라 만들어진다는 뜻이죠.

두 번째는 '내성적이라 말을 못 한다.'라는 거예요.

말 잘하는 사람을 이야기할 때 빠지지 않는 대표적인 사람이 미국 대통령을 지낸 오바마인데요. 대중을 설득하고 감동시키는 연설의 주인공이죠. 그렇다면 그의 성격은 활달하고 외향적일까요? 아니에요. 그는 아주 내향적이라고 해요. 내향적인 사람도 능력을 개발하면 얼마든지 말 잘하는 사람이 될 수 있답니다.

분당의 한 도서관에서 3년간 매일 초등학생, 중학생들을 학년별로 나누어 말하기 수업을 진행했던 적이 있어요. 그중에는 마니아 소리를 들을 만큼 레고와 과학을 좋아하는 현준이라는 친구가 있었는데요. 어느 날, 수업을 마치고 집으로 돌아가려는데 전화벨이 울렸어요. 남자 어른 목소리였죠.

"저, 현준이 아빱니다. 꼭 한번 전화를 드리고 싶었어요. 그토록 말이 없던 현준이가 말하기 수업을 들은 후에 입이 터진 듯 수다가 늘어 식탁에서도, 가족들 앞에서도 그날그날 무엇을 배우고 실습했는지 상세히 이야기하네요. 아이 덕분에 집

말하기 능력은 모든 일에 중요해요

안 분위기가 달라졌습니다. 정말 감사드려요."

현준이는 느린 성격에 말로 하는 표현이 서툴고, 특정 활동만을 선호하며, 혼자서도 잘 노는 그런 친구였어요. 처음에는 빠릿빠릿하고 재치 넘치는 아이들 사이에서 잘 어울리지 못하고 소극적이었어요. 다양한 말하기 활동이 버거워 보였죠. 하지만 얼마 안 지나 자기가 하고 싶은 말들을 잘 표현하기 시작했어요. 특히, 말의 구조를 짜는 능력이 탁월했는데요. 점점 자신감이 높아지더니 어느 날부터인가 가장 먼저 번쩍 손을 들고 발표하기 시작했죠. 어른이 되면 과학자가 되어 자신의 지식을 알기 쉽게 전달하는 '과학 유튜버'가 되겠다며 활짝 웃던 얼굴이 지금도 눈에 선하네요.

세 번째는 '아는 게 많아야 말을 잘한다.'라는 거예요.

과거에는 그랬을지도 몰라요. 하지만 지금은 사방에서 정보가 흘러넘쳐요. 지식이든 사건이든 뭐든 검색만 하면 다 나와서 누구나 접근이 용이하죠. 많이 알고, 많이 전달한다고 해서 '말 잘한다'는 소리를 듣기는 어려워졌다는 뜻이에요.

이젠 같은 지식이라도 자신만의 생각으로 메시지를 정리한 후 자신만의 스타일로 이야기를 담아 전달할 수 있어야 '말 잘한다'는 소리를 들을 수 있어요. 단 한 가지라도 자신만의 해석과 경험 그리고 진심을 담아 열정적으로 말을 해야 해요. 아는 게 많다고 해서 말을 잘한다고 평가받는 시대가 아님을 기억하세요.

네 번째는 '상대가 불편해하니 눈을 마주치지 않는 게 좋다.'라는 거예요.

은정이라는 친구가 있었어요. 대화할 때 눈을 잘 맞추려 하지 않았죠. 특히, 진지하고 중요한 이야기를 할라치면 자기 손을 보거나 소지품을 만지작거리면서 말했어요. 그러다 보니 대화 내용에 집중이 잘 안 되더라고요. 어느 날 궁금해서 물어봤죠.

"은정아, 이야기할 때 네가 내 눈을 피하고 다른 곳을 쳐다보니까 불안하고 이야기에 몰입이 안 되는데, 혹시 내 눈을 잘 쳐다보지 않는 이유가 있니?"

"아, 죄송해요. 이상하게 중요한 이야기를 할 때는 사람 눈을 잘 못 보겠더라고요. 그래서 학교에서 발표할 때도 일부러 다른 곳을 봐요. 제가 빤히 쳐다보면 아이들이 불편할 것 같고, 저도 떨려서 말하기가 힘들거든요."

은정이는 말을 할 때 눈을 마주치지 않고 다른 곳을 쳐다보면 상대가 오히려 더 불편하다는 사실을 잘 몰랐던 거예요. 청중은 스피커가 눈을 마주치지 않고 말하면 존중이나 인정을 받지 못한다고 느낀답니다. 당연히 이야기에 몰입할 수가 없죠. 반면, 말하는 사람이 경청하는 사람들 한 명 한 명과 미소 띤 얼굴로 눈을 맞추면 단박에 그 스피커를 좋아하게 되는데요. 나에게 관심이 있고 존재를 인정받았다고 느끼기 때문이죠. 그러면 이야기도 성공적으로 마무리되고요.

다섯 번째는 '말하기는 배울 필요가 없다.'라는 거예요.

내과 의사를 동생으로 둔 제 친구와 오랜만에 통화를 했을 때였어요. 동생이 1년 전에 개원한 병원문을 닫고 지방의 한 종합병원에 취업했다며 한숨을 쉬더군요. 동생은 평소 말이 없고 무뚝뚝했는데, 동네 사람들 사이에서 무섭고 불친절한 의사로 소문이 나기 시작했다고 해요. 결국, 환자들의 발길이 끊겨 병원문을 닫게 된 거죠.

제가 사는 동네의 한 병원은 대기시간이 길기로 유명하답니다. 그런데도 환자들이 끊이질 않아요. 한 사람 한 사람에게 밝게 인사를 건넨 후 진료를 시작하고, 귀 기울여 이야기를 들어주며, 묻는 말에 자세하게 대답해주는 의사 선생님이 있거든요. 환자들의 고통을 알아주니까 마음이 놓인 환자들은 자신의 상태를 더 상세히 얘기하고, 그에 따라 처방이 적확해지니

치료 결과가 좋을 수밖에요. 대기 줄이 길지 않을 수가 없죠.

두 의사의 차이가 뭘까요? 말과 말투예요. 의사로서의 전문성이나 실력도 중요하지만, 우리가 살아가는 데 더욱 필요한 건 표현력과 소통 능력이랍니다.

여섯 번째는 '의식하지 말고 말하라.'라는 거예요.

"듣는 사람들 의식하지 말고 그냥 자신 있게 하면 돼."

학교에서 발표나 토론할 때 또는 사회를 보게 되었을 때 선생님이나 부모님께 이런 말을 자주 듣지 않나요? 그런데 아무리 그러려고 해도 의식이 안 될 수가 없죠. 자신 있게 하기도 말처럼 쉽지 않고요.

만약, 어떤 사람을 낯선 곳에 뚝 떨어뜨려 놓고는 지도는커녕 목적지에 대한 아무 정보도 주지 않은 채 "자, 이제 혼자 잘 찾아갈 수 있지?"라고 한다면 정말 목적지를 잘 찾아갈 수 있을까요? 의식하지 말라는 말은 바로 그런 말이에요. 좋은 의미에서 부담 갖지 말라는 뜻이긴 한데요. 그렇다고 말을 잘하게 해주는 조언은 아니에요.

제 수업을 들으러 오는 친구들에게 저는 이렇게 말해요.

"'사람들 의식하지 말고 큰 소리로 말하라'는 말 들어봤죠? 지금부터 그 말은 잊으세요. 의식하고 말해야 해요."

말하기 능력은 모든 일에 중요해요

누구나 다른 사람 앞에 서면 멋지게 말하고 싶어요. 그런데 앉아서 자유롭게 이야기 나눌 때는 문제가 없는데, 발표처럼 정색하고 말을 할라치면 가슴이 쿵쿵대면서 손발이 떨리기 시작했던 경험이 있죠? 10명 앞이든 100명 앞이든 마찬가지예요.

그게 실은, 나만 그런 게 아니에요. 인간이 느끼는 가장 큰 공포가 바로 대중 앞에 섰을 때라는 말까지 있을 정도니까요. 한 조사 결과에 따르면 타인들 앞에서 발표할 때 사람들의 93%가 긴장을 한대요. 우리나라 성인 중 절반이 넘는 52%가 '발표 공포증'을 갖고 있고요. 그러면 어떻게 하는 게 좋을까요? 오히려 적극적으로 자신의 상태를 솔직하게 말하는 거예요.

"안녕하세요? 여러분 앞에 서니 무척 떨리네요. 제가 조금 버벅거리더라도 이해해주세요."

이렇게 너스레를 떨며 시작하는 거죠. 근데 이 말 또한 미리 준비해서 '의식하면서' 말해야 해요.

평창동계올림픽 유치를 위해 프레젠테이션에 나섰던 피겨 여왕 김연아 선수 알죠? 그녀는 일주일 동안 매일 2시간씩 전문 '스피치 컨설턴트'와 맹연습을 했다고 해요. 고작 1분 30초밖에 안 되는 짧은 프레젠테이션을 위해서요. 그런데도 이렇게 말문을 열었어요.

"제가 지금 무척 떨립니다."

사람들을 의식하지
말고 말하라고…?

그냥 자신있게
하면 된다고?

의식하지 말자.
의식하지 말자.

도저히 의식하지 않을 수가 없어…

사람들이 앞에 있는데
어떻게 의식을 안 하나요?

그건 아니에요!
의식하면서 말해야 해요.

뻣- 뻣-

물론, 준비된 말이었죠.

올림픽 개최지 결정 권한을 가진 국제올림픽위원회(IOC) 위원들과 각국 대표들 앞에서 얼마나 떨렸을까요? 아무리 짧은 시간이라도, 아무리 연습을 많이 했어도 심장이 터져나갈 것 같지 않았을까요? 하지만 당시 갓 스무 살 넘은 김연아는 그 상황을 그대로 의식하고 미리 준비해 간 말을 솔직하게 던지면서 긴장을 내려놓은 거예요.

그 겸손한 태도에 청중은 '더 잘 들어주겠어!'라고 다짐이라도 하듯 호의를 보였고, 조금 전 떨린다고 말했던 그녀는 이내 프로페셔널한 발표자로 돌변했답니다. 우아하고 아름다운 그녀의 피겨 스케이팅처럼 멋지게 프레젠테이션을 해낸 거죠.

'광고 기법'이라고 하는데요. 여러 사람 앞에서 말하거나 발표할 때 본론으로 들어가기에 앞서 미리 이렇게 말해 보세요.

"열심히 준비했는데도 많이 떨리네요. 이 떨림은 정말 잘하고 싶은 마음에서 오는 설렘인 것 같아요. 이 설렘을 바탕으로 최선을 다하겠습니다."

그렇게 말하는 순간 우리 뇌는 안정되어 불안이 사라진다고 많은 정신의학 전문가들은 이구동성으로 말합니다. 그러니 그 말을 따라야겠죠? 우리는 모두 사람들의 마음을 사로잡는 매력적인 발표자가 되고 싶으니까요.

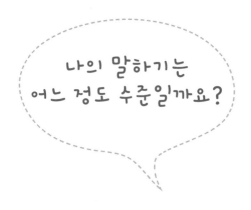

나의 말하기는
어느 정도 수준일까요?

　말하기 코칭 과정의 첫 시간에는 반드시 해보는 두 가지 테스트가 있어요. 첫 번째는 '나의 말하기'를 점검해보는 질문인데요. 지난날, 나의 말에서 비롯된 부정적인 경험과 긍정적인 경험을 돌아보고, 현재 '나의 말하기'가 어느 정도인지 체크해 잘못된 부분이 있다면 올바른 방향을 잡는 거예요. 내면과 먼저 소통하는 거죠.

　질문에 답하다 보면 생각지도 못한 의외의 일, 누구에게도 말하지 않은 고민 등 지금 자신의 말하기 수준의 뿌리가 된 이야기들이 나와요. 말만 하면 시끄럽다며 입 다물라던 부모님,

1, 나는 말주변이 없다고 생각하나요? 이유가 뭔가요?
   반대로 말을 잘한다고 생각한다면 그 이유는 뭘까요?

2. 사람들 대부분은 발표 불안 증상을 갖고 있는데요. 나
   는 발표할 때 왜 그렇게 긴장할까요?

3. 프레젠테이션, 발표, 면접 등 자신이 해본 말하기 경
   험은 어떤 종류가 있나요? 구체적으로 써보세요.

4. 말과 관련된 안 좋은 기억, 부정적 경험을 자세히 써
   보세요.

횡설수설하지 말고 핵심만 말하라며 무안을 주던 친구, 말에
논리가 없다며 근거를 따지던 선생님까지 여러 사람에게 상처
받았다는 사실을 알게 되기도 하죠.

저도 예외는 아니었어요. 어릴 적부터 웅변대회에 나가 상
을 타고, 방송반 아나운서로 활동하는 등 사람들 앞에서 말하
기를 좋아했는데요. 정작 부모님으로부터는 "말이 많다. 쓸데
없는 말 하지 말고 입 다물어라."라는 편잔을 종종 들었거든
요. 제 말은 격려받기는커녕 갈 곳을 잃고 허공으로 흩어지는
먼지 같았죠. 그러다 보니 점점 자신감이 없어지다가 입을 아

예 다물게 되더라고요. 그렇게 어두운 청소년기를 보내다 말하기가 다시 좋아진 건 높은 경쟁률을 뚫고 대학 방송국 아나운서로 뽑혔을 때였어요. 내 목소리와 말하기를 인정받았다는 기쁨에 말하는 게 다시 좋아졌고, 교내 모든 행사에 진행자로 설 수 있었죠.

반대로, '나의 말하기 돌아보기' 수업에서는 주변 사람에게 말로 상처를 주었던 기억이 떠올라 반성하는 친구들도 많아요.

"생각해보니 저의 딱딱하고 무서운 말투 때문에 친구들이 힘들어하지 않았을까 하는 생각이 들어요."

"늘 명령조로 말하는 제 목소리가 떠올라서 정말 미안해지네요. 친구들이 '네 목소리 듣기 싫어.'라고 했을 때 제 잘못이라는 생각은 못하고 상처받았는데, 돌아보니 상처를 주었던 사람은 바로 저였어요."

'말'로 인해 상처를 받았든 주었든 대부분은 그때 의식하지 못했을 거예요. 그러니 잘잘못을 따지는 게 무의미하죠. 그런데 그 상처로부터 자유로워져야 비로소 말하기가 돼요. 내 잘못 때문이 아님을 인식하고, 마음을 다해 자신을 위로하며, 따뜻한 말로 다시 용기를 불어넣어야 하는데요. 앞의 네 가지 질문에 답을 적고 나면 마지막으로 나 자신에게 꼭 이렇게 말해

말하기 능력은 모든 일에 중요해요

주어야 한답니다.

"○○아, 걱정하지 마. 이제부터는 잘할 수 있어!"

배에 힘을 주고 입꼬리를 올려 다정한 목소리로 자기 이름을 넣어 말하는 거예요. 자신에게요. 부끄럽게 생각될 수 있지만 아주 중요한 일이니 빼먹지 말고 해야 해요. 말을 못해서 창피했거나 상처를 주고받았던 기억을 발판 삼아 따뜻한 스피커로 새롭게 태어나기 위한 자신과의 약속이니까요.

말하기는 심리적인 면과 연관이 깊어요. 별것 아닌 듯해도 이 의식이 우리를 편안하게 만들고, 다시 시작할 수 있도록 용기를 북돋아 준답니다.

두 번째는 다음 문항에 답하는 거예요. 마지막에 점수를 더해 보고 현재 자신의 말하기 정도를 알아내는 거죠. 간단하지만 아주 의미가 있는 테스트이므로 신중하게 체크해야 해요.

말하기 능력은 모든 일에 중요해요

문항	점수				
	1	2	3	4	5
여러 사람 앞에서 말하는 게 즐겁다.					
1:1 상황에서도 말하기에 전혀 문제가 없다.					
좋은 목소리, 발음 등 칭찬을 자주 듣는다.					
내가 말할 때 사람들이 유독 귀를 기울인다.					
내가 좋다는 물건은 친구들이 따라 산다.					
사람들 앞에서도 시선 및 제스처가 매끄럽다.					
원고가 없어도 15분 이상 말할 수 있다.					
지금 바로 자기소개를 할 수 있다.					
합 계					

점수 결과로 알 수 있는 나의 말하기 수준

- 33~40점 : 말로 하는 모든 걸 잘할 사람! 자신의 말하기를 완성해서 성공지수(멋진 경험, 구체적인 꿈, 도전하려는 직업 등)를 높이세요!
- 25~32점 : 자신의 능력과 말하기가 합쳐진다면 더 큰 시너지를 낼 수 있어요. 충분한 가능성이 보이니 지금 당장 시도해보세요!
- 16~24점 : 포기하지 마세요. 말을 잘하면 상대의 태도가 달라져요!
- 8~15점 : 지금 어떤 일이 잘 풀리지 않는다면 그것은 바로 말하기 때문에요. 지금부터 훈련하고 연습하면 돼요. 서두르세요!

유재석처럼 말하고
싶은가요?

'페르소나(persona)'라는 용어가 있어요. 한 사람의 성격, 직
업 등 '정체성'을 의미해요. 심리학에서는 진정한 내가 아닌,
다른 사람들 눈에 비치는 나 개인의 모습을 말하죠. 고대 그리
스 시대 가면극에서 배우들이 가면을 썼다 벗었다 하면서 그
가면에 맞는 소리를 냈는데요. 이때 쓴 가면을 '페르소나'라고
했대요. 그리고 그때부터 사람들은 각각의 정체성이 목소리로
전달된다고 믿었대요. 목소리가 자신을 보여주는 도구가 된
거죠.

말하기에도 '페르소나' 말하기를 적용할 수 있어요. 페르소
나로 말하기를 한다는 것은 내가 그 상황과 역할에 맞는 모습

이 되어서 목소리를 내고 말하기를 한다는 뜻이에요. 흔히 말하는 거짓된 가면을 쓰고 말하는 것과는 다른 개념이랍니다.

원하는 대학 진학을 위해 입시면접을 준비하던 재수생 진호가 저를 찾아왔어요.

"저는 면접 준비도 중요하지만, 말하기 코칭을 받으면서 제 정체성을 찾고 싶어요."

본격적인 코칭에 들어가기 전, 진호와 '나의 페르소나 말하기'를 만드는 일부터 시작했어요.

"먼저 다음 몇 가지 질문에 솔직하게 답을 적어주세요. 언제든 바꾸거나 고칠 수 있으니 걱정하지 말고요."

> 1. 현재 나는 사람들에게 어떤 이미지로 보인다고 생각하나요?
>
> 진호 듬직하고 푸근하다는 말을 자주 들어요.
>
> 2. 나는 사람들에게 어떤 모습으로 비치기를 바라나요?
>
> 진호 용기와 자신감을 심어주는 사람, 자신감에 차 있으면서도 따뜻하고 편안한 리더로 보이고 싶어요.

유재석은
어떻게
말하지?

귀를 훔치는
말이 아닌
가슴을 흔드는
말을 하세요.

유재석 가면

앞에서 할 수 없는 말은
뒤에서도 하지 마세요.

뒷말이
가장 나빠요ㅡ.

내 말의 페르소나를
정해 말해 보세요.
말 실력이 눈에 띄게
향상될 거예요`!

3. 지금 배우려는 말하기가 사람들에게 어떻게 전달되기를 원하나요? 또 말하기를 하는 자신의 모습이 어떻게 보이기를 원하는지 구체적으로 얘기해보세요.

진호 　말을 할 때 확신에 찬 제 모습이 잘 드러나기를 원해요. 그리고 한 번에 이해되고 귀에 쏙쏙 들어오는 음성으로 전달력이 높았으면 좋겠고요. 끝나고 나면 사람들이 "논리적이면서도 감동적이었다."라고 얘기해 줬으면 좋겠어요.

그러고는 자신이 원하는 페르소나 목소리, 즉 동그란 소리, 전문성 있고 따뜻한 목소리, 다정한 목소리, 담백한 목소리 등을 구체적으로 정하고 적어본 후에 바로 그것을 상상하며 목소리를 내보았어요. 처음에는 너무 다른 사람 같다며 낯설고 어색해했지만, 곧 자기 페르소나 목소리와 친해지기 시작했고, 어느 날 원했던 모습이 밖으로 나타나자 자신을 더 신뢰하게 되었다며 무척이나 좋아했어요.

'나의 페르소나 말하기' 코칭 단계를 밟은 후 진호는 눈빛이 달라졌어요. 연습하지 않는데도 말할 때 사용하는 몸짓언어에서 확신과 절도가 느껴졌죠. 스스로 정한 페르소나를 머릿속으로 상상하며 그에 걸맞은 목소리를 내기 시작했고, 자신 감과 확신이 넘쳤어요. 그리고 몇 번의 실전 면접 연습을 마친 후에는 자기가 원하는 대로 말할 수 있게 되었죠.

우리 마음속에는 누구나 간절히 원하는, 되고 싶은 페르소 나가 있어요. 저는 코칭을 하면서 자신이 원하는 페르소나, 즉 '정체성'을 확고히 하면서 말하기 실력이 눈에 띄게 향상되는 학생들의 모습을 지켜보았어요. 물론, 단숨에 되는 건 아니지 만요.

오늘도 사람들 앞에서 말을 해야 한다면 자신의 페르소나를 정하고 말해 보세요. 특정한 대중 앞이라면 거기에 걸맞은 나의 자신감 있는 페르소나 말하기로, 특별히 따뜻함이 필요한 곳에서는 공감이 스며든 나의 페르소나 말하기로요.

말하기 능력은 모든 일에 중요해요

2장

말하기는 몸으로 익혀야 해요

저는 항상 '말하기'는 '자전거 타기'와 같다고 강조해요. 말하기를 영어나 컴퓨터처럼 머리로 공부해야 한다고 생각하는 친구들이 있는데, 사실은 운동처럼 몸으로 익혀야 해요. 목소리를 낼 때는 어떤 근육을 움직이고, 어디에 힘을 주고 빼야 하는지, 말할 내용은 어떻게 뼈대를 만들고 균형을 잡아야 하는지 직접 자신의 '입으로' 체험해야 한다는 거죠.

자전거를 어떻게 타는지 책으로 배운다고 자전거를 탈 수 있는 게 아니듯 말하기도 마찬가지예요. 아무리 이론을 달달 외워도 실제로 사람들 앞에서 연습하지 않으면 할 수 없어요.

종종 느끼죠. 우리 머릿속에는 많은 얘기가 들어 있는데, 막상 사람들 앞에 서면 말하기가 어렵다는 걸요. 그리고 깨달아요.

'아, 말하는 게 결코 쉽지 않구나!'

그럼 자전거를 탈 줄만 알면 되는 걸까요? 아니에요. 탈 줄 알아도 페달을 계속 밟지 않으면 앞으로 못 가고 쓰러지죠. 말하기도 그래요. 배운 걸 몇 번이고 연습할 수 있는 환경을 만들고 꾸준히 연습량을 늘려야 해요. 그렇게 말하는 행위 자체에 익숙해져야 앞으로 무엇을 개선해야 할지가 보여요. '실수하면서 경험을 쌓자'는 마음을 가져야 해요. 실수했다고 움츠러들어 입을 벌리지 않으면 결코 말을 잘할 수 없어요.

자, 지금부터 자신이 원하는 목소리로 따뜻하고 매력 넘치게 말하는 방법을 알려줄게요. 홈트레이닝하듯 매일 15분씩만 따라 해보세요.

복식호흡이
기본!

　제게 코칭 받는 사람 중에 고등학교를 졸업하자마자 바로
일을 배워 멋지게 사업을 하던 여성이 한 분 있었어요. 그런데
목소리 톤이 늘 높고 갈라졌죠. 한때 개그맨이 되고 싶었다는
그녀에겐 남의 목소리를 흉내 내는 버릇이 있었고, 계속 목을
누르며 소리를 만들어내다 보니 성대가 건강하지 않았어요.
어느 날부턴가 자신의 목소리를 잃어버린 거죠.

　그녀는 자기 목소리를 되찾고 진심과 믿음이 전달되는, 설
득력 있는 말하기를 하고 싶다며 강한 의욕을 보였어요. 수업
시간에도 늘 제일 먼저 도착했을 뿐만 아니라 매일 출근하자
마자 복식호흡과 복식 발성을 연습할 정도였죠. 아침마다 10

말하기는 몸으로 익혀야 해요

분 동안 말하기의 기본을 탄탄하게 해주는 발성과 발음을 연습했어요. 그러고는 그 모습을 매일 아침 9시에 단톡방에 올려 인증하면서 '9시의 요정'이라는 별명도 얻었어요. 그렇게 치열하게 말하기 연습 습관을 만들었죠.

그러던 어느 날, 그녀가 단톡방에 이런 글을 올렸어요.

"코치님. 복식호흡과 발성을 연습하는데, 그때마다 배가 아파 바로 화장실에 가요. 창피해서 말 안 하려고 했는데, 계속 그러니 너무 이상해서요. 원래 변비였는데 말이죠. 괜찮은 건가요?"

단톡방 사람들이 모두 함께 빵 터졌죠. 그런데 얼마 전에도 한 수강생이 비슷한 말을 했어요. 복식호흡과 복식발성을 할 때마다 배가 우글우글 끓는 것 같고, 그 소리도 엄청 크다고요.

그럼 복식호흡과 복식발성을 연습하면 화장실에 가게 되는 게 정상일까요? 맞아요! 그게 바로 제대로 연습했다는 증거예요. 소리의 근원을 아랫배, 즉 코어에 모았기 때문이죠. 그렇다면 복식호흡과 복식발성은 어떻게 연습해야 할까요? 혼자서도 가능할까요, 또 어떤 효과가 있을까요?

조금만 말을 많이 해도 목이 아프거나 가늘고 떨리는 목소리, 어린아이 같아서 성숙한 느낌이나 신뢰감을 주지 못하는 목소리, 힘이 달려 말끝이 흐려지는 목소리 등으로 말의 전달력이 떨어진다면 가장 먼저 호흡을 체크해 봐야 해요. 평소 아무 의식 없이 쌕쌕거리면서 흉식으로 숨을 쉬었을 가능성이 크거든요. 복식호흡은 지금까지 그렇게 숨을 쉬던 습관을 바꾸는 일이에요.

먼저 어깨는 활짝 열되 힘을 빼야 해요. 어깨를 내리는 거죠. 그리고 입을 닫고 향기를 음미하듯 천천히 코로 3초 정도 깊이 숨을 들이마셔요. 이때 배꼽 아래가 부풀어 올라야 해요. 그러고는 잠시 멈추었다가 서서히 입으로 일정하게 "후~" 하고 뱉어요.

사실, 사람은 갓 태어나면 복식으로 호흡해요. 젖병을 빨고 있는 아기를 가만히 보면 가슴이 아니라 배가 들어갔다 나왔다 하며 편안하게 숨을 쉬거든요. 그런데 시간이 흐르며 앉고 걷고 뛰면서, 커서는 씩씩 화를 내면서 가슴으로 얕은 호흡을 하니까 숨이 아래에서 위로 올라온 거예요. 따라서 복식호흡을 한다는 건 우리의 원래 호흡, 즉 원초적인 호흡으로 돌아가는 거예요. 우리 몸이 기억하고 있으니 연습만 하면 가능하다는 뜻이죠.

⭐ 복식호흡법

1. 똑바로 서서 어깨와 가슴은 펴고 배를 넣어요. 발은 어깨너비로 벌리고요.

2. 오른손은 가슴 위에 얹고 왼손은 배꼽 바로 아래에 놓아요.

3. 숨을 들이마실 때는 입을 다물고 코로 들이마셔요. 그러면서 배꼽 아래 배만 점점 불룩하게 내밀어요. 공기가 배로 들어간다고 상상하되 배꼽 위까지 공기가 차지 않게 들이마셔야 해요.

4. 내쉴 때는 입으로 최대한 천천히 "후~" 하고 내쉬어요. 그러면 공기가 바깥으로 나가면서 배도 점점 꺼져요. 들이마실 때 배에 넣었던 공기를 밖으로 내보낸다고 상상하면서 더 이상 숨을 내쉴 수 없을 때까지 최대한 길게 뱉어요. 배가 점점 등에 붙는다고 생각하고 몸속 모든 숨을 바깥으로 빼낼 것처럼 상체가 아래로 숙여질 때까지 내뱉어요.

✅ 이 과정을 매일 10번씩 반복해보세요. 사흘 정도만 신경 써서 연습하면 평소에도 복식으로 호흡할 수 있어요.

이렇게 연습, 스스로 호흡을 조절할 줄 알게 되면 더욱 매력적이고 울림 있는 목소리를 낼 수 있어요. 딕션과 목소리가 좋다고 손꼽히는 배우 이병헌이나 송중기, 김태리, 서현진 등의 드라마 대사나 말을 잘 들어보면 호흡과 소리가 적절히 섞여 마치 노래하는 듯한 느낌을 받는데요. 그게 바로 복식호흡 덕분이에요.

학교에서 발표할 때나 긴장될 때도 복식호흡을 해보세요. 뇌에 산소를 공급해주기 때문에 긴장이 풀리며 마음이 편안해질 거예요. 하지만 오래된 습관을 바꾸는 거라서 처음에는 잘 안 될 수도 있어요. 그럴 때는 누워서 두 무릎을 산 모양으로 세우고 하다가 다시 일어나서 해보세요. 잘 될 거예요. 좋은 목소리의 첫 번째 조건은 호흡이랍니다.

복식호흡이 익숙해지면 이제 호흡에 소리를 얹어야 해요. 그러면 소리에 응집력이 생기고 단단해져 전달력과 명료함이 더해져요. 코로 숨을 들이마신 다음 호흡을 내뱉는 순간 입을 위아래로 크게 벌리고 "마~" 소리를 내보세요. "아~"보다 "마~"가 입이 더 동그랗고 크게 벌어지거든요.

소리를 낼 때 하나 더 기억해야 할 게 있어요. 멀리 점을 하나 찍고, 소리가 포물선을 그리며 퍼져나가 그곳까지 다다른

말하기는 몸으로 익혀야 해요

· 발을 어깨 넓이로
벌리고 똑바로 서서

· 어깨와 가슴을 펴고

· 배를 넣는다.

· 입을 다물고

· 코로 숨을
들이마신다.

흡—!

후—

· 입으로 천천히
후— 하고
숨을 내쉰다.

복식호흡을
조절할 줄 알면
매력적이고
울림 있는 목소리를
낼 수 있어요.

흡!

재밌는 복식호흡, 복식발성 연습법 '한 호흡 챌린지'

말을 잘하는 사람은 호흡도 긴데요. 그러면 한 호흡 안에 담기는 소리의 질이 좋아질 뿐만 아니라 숨을 헐떡이며 말하지 않게 되죠. 그렇게 말하기의 기초체력이 좋아지면 발성과 발음이 모두 좋아지는 목소리의 변화가 본격적으로 시작됩니다.

TV 예능 프로그램에서 연예인, 아나운서 등이 앞다투어 도전하며 한창 인기를 끌었던 '한 호흡 챌린지'라는 게임이 있어요. 한 호흡에 누가 더 길고 정확하게 말하는가 겨루는 건데요, 한 번에 숨을 최대한 들이마셔서 아랫배를 채운 후 숨을 참으면서 다음 문장을 어디까지 말할 수 있는지 도전하는 건데요. 단, 빨리 말하되 발음이 뭉개지면 안 돼요. 매일 도전하면서 시간이 점점 단축되는 재미도 느끼고 복식호흡과 발성 연습도 하는, 두 마리 토끼를 다 잡는 방법이랍니다.

"안녕하세요, 반갑습니다. 지금부터 한 호흡에 한 글자도 틀리지 않고 말하기, 정확하게 하기, 한 호흡 챌린지를 시작하겠습니다. 대체 이걸 왜 하느냐고요? 말하기의 유연성을 키울 수 있기 때문입니다. 말하기의 유연성이란 버벅거리지 않고 자연스럽고 유연하게 말할 수 있는 능력을 일컫는데요. 보통 말하기를 잘하는 사람들은 말하기 유연성이 좋답니다. 그리고 호흡이 길어질수록 안정감 있는 목소리가 나와요. 여러분도 한번 도전해 보시기 바랍니다. 지금까지 '말하기 한 호흡 챌린지'였습니다. 감사합니다!"

다고 생각하는 거예요. 이때 숨을 멈추고 소리를 내서는 안 돼요. 그러면 흔히 말하는 '뒤로 먹히는 소리'가 나오거든요. 호흡을 뱉으면서 소리도 함께 나와야 앞으로 뻗어나간답니다. 그렇게 "마~" 소리를 내는 데 익숙해지면 복식호흡으로 숨을 들이마신 다음 내뱉을 때 인사말을 해보세요. "안녕하세요, 반갑습니다. ○○○입니다."라고 말하면서 소리를 쭉 뽑아내야 해요. 이것이 바로 복식발성입니다.

혹시 말을 많이 하거나 목소리에 힘을 너무 많이 주면 목이 아프고 쉰 목소리가 나나요? 목소리가 너무 작아서 답답한가요? 발표할 때 내용을 명료하게 전달하고 싶은가요? 또 날카로운 말투 때문에 오해를 받거나, 목소리가 단조롭고 딱딱해서 "네 말에는 영혼이 없어."라는 말을 들어본 적 있나요? 그렇다면 목소리 좋은 사람을 부러워하지만 말고 복식발성을 연습해보세요.

말하기는 몸으로 익혀야 해요

또박또박
말하고 싶다면

가수와 연기자뿐만 아니라 MC로도 활동하는 이승기는 〈집사부일체〉라는 프로그램에서 매일 아침의 모닝 루틴 세 가지를 소개해 화제가 된 적이 있어요. 죽염 탄 물로 하는 '가글', '복식호흡' 연습, 발음표를 보고 따라 하는 '발음 연습'이었어요. 톱의 자리에서 오랫동안 활동을 해왔음에도 여전히 방심하지 않고 부지런히 자기계발을 하는 모습이 인상적이었습니다.

특히, 예능 프로그램 녹화가 있는 날에는 발음 연습을 더 신경 써서 한대요. 안 하면 긴박한 상황에서 긴장한 탓에 발음이 꼬일 뿐만 아니라 중요한 순간에 제대로 말을 못 할 수 있기 때문이라는 거죠. 또 좋은 발음은 의견이나 생각을 전달할 때 상대에게 신뢰감을 더해주므로 아주 중요하다고 힘주어 말하더라고요.

11월이 되면 제가 운영하는 아카데미에는 국제중, 대학부설 영재원 등 중고등학교 진학과 대입 면접을 준비하러 오는 학생들로 붐비는데요. 중요한 면접을 앞두고 말하기에 자신이 없어서 전문가의 점검을 받고 싶어 하는 친구들이 대부분이에요. 그런데 시간이 너무 촉박해 한 번 또는 두 번 정도밖에는 코칭을 못 해요. 내용이야 준비한 자료를 바탕으로 논리적으로 재구성해서 말하기를 연습하면 한두 번 정도로도 좋아질 수 있어요. 하지만 발음은 그 정도로는 나아지지 않아요. 그래서 마음이 급해지죠.

면접은 입으로 말하는 과정이라 해도 과언이 아니므로 전달력이 특히 중요해요. 소리가 작아 잘 알아들을 수 없거나 발음이 뭉개지면 면접을 보는 사람에 대한 이미지나 믿음이 확 떨어지거든요.

앞에서도 말했듯 발음은 운동의 원리라 평소에 미리 의식하고 규칙적으로 연습해야 해요. 면접을 고작 며칠 앞두고 시작하면 시간이 모자랄 수밖에 없죠. 하루 10분 정도 꾸준히 연습해서 발음과 관련된 근육을 발달시켜 놓으면 더 자신있고 당

말하기는 몸으로 익혀야 해요

난 입을 움직이지 않고 말할 수 있어. 어때, 멋지지?

하나도 알아들을 수가 없잖아!

우물—

우물—

정말?

대댕—!

이승기 오빠도 매일 매일 발음 연습을 한다는데…

맞아요. 똑바로 하고 한 자 한 자 발음해 보도록 해요! 가, 갸, 거, 겨…

우물—

지그시—

당하게 말할 수 있어요.

　그럼 발음은 어떻게 연습해야 할까요? 우선 우리말의 음가 하나하나를 정성스럽게 발음하면서 기본을 다지는 게 핵심이에요. 복식호흡을 하면서 자음과 모음 발음을 연습하는 건데요. '가, 갸, 거, 겨' 순으로 모든 모음과 자음을 한 자씩 다 발음해야 해요. 천천히 시작해서 입에 익숙해지면 속도를 조금씩 올려도 돼요.

　하지만 속도보다 중요한 건 입 모양을 정확하게 하는 거예요. 매일 두 번씩 꾸준히 연습해보세요. 10분 남짓 걸리는데 하다 보면 소리를 내는 조음기관에 어느덧 근육이 생겨 평소 그냥 말할 때도 확연히 좋은 발음을 내게 된답니다.

　그럼 지금부터 이승기도 매일 아침 한다는 10분 동안의 복식호흡, 발음, 발성 세트를 연습해볼까요. 꼭 입으로 소리 내면서 정성껏 해야 해요.

1. 복식호흡으로 숨을 들이마신 후(들숨) 뱉으며(날숨) 한 글자씩 스타카토로 소리를 내요. 입은 한 음 한 음 최대한 위아래 양옆으로 크게 벌리면서요.
2. 다시 숨을 들이마신 후 숨을 참고 아랫배에 힘을 주어 통으로 끝까지 읽어요. 입을 최대한 크게 위아래 양옆으로 벌리면서 발음해요.

　　　　　　　　　　　　　　말하기는 몸으로 익혀야 해요

가 갸 거 겨 고 교 구 규 그 기 게 개 귀
나 냐 너 녀 노 뇨 누 뉴 느 니 네 내 뉘
다 댜 더 뎌 도 됴 두 듀 드 디 데 대 뒤
라 랴 러 려 로 료 루 류 르 리 레 래 뤼
마 먀 머 며 모 묘 무 뮤 므 미 메 매 뮈
바 뱌 버 벼 보 뵤 부 뷰 브 비 베 배 뷔
사 샤 서 셔 소 쇼 수 슈 스 시 세 새 쉬
아 야 어 여 오 요 우 유 으 이 에 애 위
자 쟈 저 져 조 죠 주 쥬 즈 지 제 재 쥐
차 챠 처 쳐 초 쵸 추 츄 츠 치 체 채 취
카 캬 커 켜 코 쿄 쿠 큐 크 키 케 캐 퀴
타 탸 터 텨 토 툐 투 튜 트 티 테 태 튀
파 퍄 퍼 펴 포 표 푸 퓨 프 피 페 패 퓌
하 햐 허 혀 호 효 후 휴 흐 히 헤 해 휘

못 알아듣겠다는
말을 자주 듣는다면

"제가 말을 하면 사람들이 '뭐라고? 다시 한 번 말해봐!'라고 자꾸만 되물어서 짜증 나요. 그래서 더 안 하게 되더라고요."

우리 친구들의 고민 중 하나가 말의 전달력이 떨어진다는 거예요. 자기가 한 말을 사람들이 한 번에 알아듣지 못하니 스트레스를 받죠. 이미지가 안 좋아질까 봐 말하기가 두렵고 자신감도 떨어지고요. 그렇게 말수가 점점 줄어드니 말하기 실력이 늘지 않고 더 나빠져 악순환에 빠지고 말죠. 친구나 가족 등과의 사적인 자리에서는 별문제 없지만, 수행평가 발표나 프레젠테이션, 토론 등을 할 때는 고민이 깊어질 수밖에 없어요. 좋은 점수를 받기 어려우니까요.

커뮤니케이션 분야에서는 모르는 사람이 없는 UCLA 대학의 앨버트 메라비언(Albert Mehrabian) 교수가 조사해 정리한 '메라비언의 법칙'이라는 게 있는데요. 커뮤니케이션과 이미지에 가장 큰 영향을 끼치는 첫 번째 요소로 '목소리'를 꼽았어요. 두 번째는 '표정', 세 번째는 '태도' 그리고 마지막으로 겨우 7%만이 '내용'이 중요하다고 했죠. 내용은 안 좋아도 된다는 게 아니라 '내용이 아무리 좋아도 말하는 사람의 목소리가 어떻게 전달되느냐에 따라 그 영향력이 크게 달라진다'는 뜻이에요. 파워포인트만 열심히 준비해서는 안 된다는 말이죠.

어떤 목소리와 표정, 어떤 몸짓언어로 내용을 전달할지 세밀하게 계획하고, 반드시 여러 번 실제로 연습해야만 해요.

저한테 코칭을 받는 사람 중에는 교육 관련 일을 하거나 프레젠테이션을 자주 하는 직장인, 회사를 운영하는 CEO 등도 많아요. 품격과 자신감을 갖춘 전문인으로 보이기 위해 명료하고 전달력 있는 목소리를 갖추려는 사람들이죠. 물론, 학생들도 크게 다르지 않아서 회장, 반장, 동아리 리더 등 말할 기회가 많은 친구라면 발음과 전달력에 신경을 많이 쓸 거예요. 그에 따라 평가가 달라지니까요. 또 전달력이 좋으면 '믿음을 주는 리더'라는 페르소나로 거듭날 수 있죠.

'언품이 인품'이라는 말이 있는데요. 이는 '말의 내용'만을 의미하는 게 아니에요. 목소리와 표현 능력까지도 포함된답니다. 그런데 명확한 발음으로 전달력을 높이는 목소리 연습에 들어가기 전에 먼저 해야 할 게 있어요. 평소 다른 사람들이 내 말을 잘 알아듣도록 말을 하는지 알아보는 건데요. 발음과 목소리에 신경을 쓴다는 건 상대를 배려한다는 것이고, 남에게야 어떻게 들리든 그냥 나오는 대로 말하는 건 조금도 배려하지 않는다는 거예요. 내 목소리가 너무 크거나 작지는 않은지, 강조할 부분에 신경 써서 목소리 톤을 조절하고 있는지, 말이 너무 빠르거나 느리지 않은지 확인해야 해요.

어쩌면 습관적으로 자신도 모르게 심드렁하거나 힘이 빠진 듯한 투로 말하고 있을지도 몰라요. 그러면 발음이 뭉개질 뿐만 아니라 상대의 기운까지 빠지게 만들어요. 한마디라도 천천히 분명한 발음으로 하는 말에는 저절로 품격과 힘이 실리죠. '아, 저 사람은 말하는 게 다른 사람들과 뭔가 다르네!'라고 생각되어 살펴보면 대부분 발음이 명료하고 전달력이 좋은 걸 알 수 있어요.

그렇다면 발음이 왜 안 좋을까요?

첫 번째는 우리말에 대한 무관심 때문이에요. 우리는 단일

민족이고 같은 언어를 쓰니 대충 말해도 알아들을 것이라 생각하는 사람들이 많아요. 말을 할 때 나쁜 습관이 있는데도 신경을 안 쓰는 거죠. 관심이 없으니 물론 연습도 안 하고요!

벚꽃이 흩날리던 어느 봄날, 씩씩한 목소리였지만 고민이 잔뜩 섞인 전화 한 통을 받았어요. 자기 발음에 문제가 많다며 이만저만 걱정이 아니더라고요. 회사원인데 말을 하거나 프레젠테이션을 마치고 나면 동료들이 자꾸 "무슨 말인지 하나도 못 알아듣겠어." 하며 핀잔을 준대요. 그의 취미는 자전거 타기였어요. 그 방면에서는 SNS 인플루언서여서 유명 유튜버들로부터 출연 섭외도 여러 번 받았다네요. 하지만 자신의 발음이 안 좋다는 생각 때문에 매번 거절했다고 하더군요.

사실, 처음에는 발음 때문에 좀 불편하긴 해도 큰 문제가 없어서 말하기에 관심을 두지 않았대요. 그런데 좋은 기회들을 자꾸 놓치다 보니 고민하게 됐고, 드디어 고치기로 마음먹은 거죠. 그는 저의 코칭에 따라 8주 동안 열심히 연습해 불명확한 발음을 극복하는 방법을 몸에 익혔는데요. 하지만 어른이 되어 오래된 습관을 바꾸려면 어릴 때에 비해 10배 이상 노력해야 해요. 1년 정도는 꾸준히 의식하고 연습해야 하죠.

말하기는 몸으로 익혀야 해요

1. 손바닥으로 볼을 감싸 둥글게 원을 그리듯 마사지한다.
2. 두 볼에 바람을 넣어 풍선처럼 빵빵하게 부풀린다.
3. 입술에 힘을 빼고 가볍게 공기를 내보내면서 입술을 떤다.
4. '오, 아, 오, 아' 입 모양을 크고 확실하게 하면서 혀로 "똑, 딱, 똑, 딱" 소리를 여러 번 낸다.
5. 입 모양을 크게 하면서 '아, 이, 우, 에, 오' 모음의 음가를 정확히 잡아준다.
6. 혀로 입안 구석구석을 핥아준다.

발음이 안 좋은 두 번째 이유는 조음기관(발음을 만드는 기관인 얼굴 근육, 혀, 입술, 턱 등)을 게으르게 움직이기 때문이에요. 발음을 잘하려면 조음기관을 풀어주고 활발히 움직여야 해요. 그런데 이게 은근히 에너지 소모가 많고 귀찮아요. 그래서 사람들은 경제적인 발음을 선호하죠. 혀와 입술을 움직이지 않고 대충 의미만 전달하는 건데요. 말하는 사람은 잘 몰라도 듣는 사람은 신경을 곤두세워야 하니 무척 피곤해요.

말할 때는 얼굴 근육, 혀, 입술, 턱 등의 조음기관을 먼저 충분히 풀어주는 게 중요해요. 특히, 토론이나 발표, 면접 또는 중요한 만남 전에 조음기관 스트레칭을 하면 그 효과가 확연히 나타난답니다. 긴장하면 목과 혀, 입술 주위의 근육이 경직되어 말을 할 때 입 모양이 비뚤어지고, 꼬이고, 더듬거리며 혀 짧은 소리가 나기도 하는데요. 이럴 때 물 흐르듯 명료한 발음으로 말하기 위해 스트레칭을 충분히 해주는 거예요.

오늘도 한 라디오 방송에서 기상청 직원이 날씨 소식을 전하는데, 생방송 도중에 "큼큼, 컥컥" 소리를 계속 내더라고요. 눈살이 절로 찌푸려졌어요. 방송 전 조음기관 스트레칭을 충분히 했다면 그렇지 않았을 거예요.

발표나 토론 전에 스트레칭을 충분히 해보세요. 매끄러운 목소리에 자신감이 높아져 성공적인 발표나 토론이 될 겁니다.

스트레칭을 했다면 다음으로는 명확한 발음을 도와주는 받침 발음 연습과 입의 근육을 충분히 풀어주는 어려운 단어와 문장을 연습해요. 계속하면 좋은 발음은 물론, 믿음직스러운 소리의 주인공이 될 거예요.

말하기는 몸으로 익혀야 해요

조음 강화 세 음절 발성

조음이란 발음이 만들어지는 모든 기관, 즉 혀, 입술, 성대, 목젖 등의 움직임을 말하는데요. 조음을 강화하려면 입 모양을 활발하게 움직여야 해요. 그리고 발음 하나하나에 신경 쓰며 정확하게 읽어요. 받침을 대충 발음하면 전달력이 떨어지니까요.

1. 다음 단어를 먼저 세 글자씩 읽으세요.
2. 연습이 되면 한 줄을 연이어서 빠르게 읽어보세요. 발성과 발음은 뗄 수 없는 관계랍니다.
3. 복식호흡으로 큰 소리로 읽어야 해요.

각 낙 닥 락 막 박 삭 악 작 착 칵 탁 팍 학 각
간 난 단 란 만 반 산 안 잔 찬 칸 탄 판 한 간
갈 날 달 랄 말 발 살 알 잘 찰 칼 탈 팔 할 갈
감 남 담 람 맘 밤 삼 암 잠 참 캄 탐 팜 함 감
갑 납 답 랍 맙 밥 삽 압 잡 찹 캅 탑 팝 합 갑
갓 낫 닷 랏 맛 밧 삿 앗 잣 찻 캇 탓 팟 핫 갓
강 낭 당 랑 망 방 상 앙 장 창 캉 탕 팡 항 강

단팥 맛 통 찐빵 | 난방 방법 변경 | 찰떡 꿀떡 콩떡

노인성 망막 황반증 | 건강 검진 진료 | 금강산 정상

로열 뉴 로열 | 의정부 경전철 | 황반 변성 망막

공간 감각 무감각 | 영월 칡국수 | 붕당 정책 탕평책

한라산 산삼 | 찜샤브샤브 | 쿵덕 더덕덕

당뇨병 판정 전후 | 쇼셜 쇼핑 | 게살 샥스핀

앙큼 통팥빵 | 안양 양장점 | 영동 용봉탕

최 참판댁 | 참치 꽁치찜 | 청송 콩 찰떡

부산 지방 해운 항만청 | 한국관광공사

식품의약품 안전청 | 방송통신심의위원회

해운 항만 물류 정보센터 | 국민건강 보험심사평가원

한국방송 예술진흥원 | 춘천지방검찰청 강릉지청

서울지방노동청 동부지청

중국 인민은행 특화정책 위원인 천위루 인민대 총장

처음에는 한 자 한 자 음가대로 천천히 읽고, 익숙해지면 속도를 높여 조금 빠르게 다시 한 번 읽어보세요. 빠르게 읽을 때는 발음이 새지 않도록 유의해야 해요.

1. 저기 있는 저분은 박 법학박사이고, 여기 있는 이분은 백 법학박사이다.

2. 신진 샹숑가수의 신춘 샹숑 쇼

3. 한영양장점 옆 한양 양장점 한양 양장점 옆 한영양장점

4. 철수 책상 철 책상

5. 창경원 창살은 쌍 창살

6. 들의 콩깍지는 깐 콩깍지인가 안 깐 콩깍지인가 | 깐 콩깍지면 어떻고 안 깐 콩깍지면 어떠냐 | 깐 콩깍지나 안 깐 콩깍지나 콩깍지는 다 콩깍지인데.

7. 작년에 온 솥 장수는 새 솥 장수이고, 금년에 온 솥 장수는 헌 솥 장수이다.

8. 상표 붙인 큰 깡통은 깐 깡통인가? 안 깐 깡통인가?

9. 서울특별시 특허 허가과 허가과장 허과장

10. 앞집 팥죽은 붉은 팥 풋 팥죽이고, 뒷집 콩죽은 햇콩 단콩 콩죽. 우리 집 깨죽은 검은깨 깨죽인데 사람들은 햇콩 단콩 콩죽 깨죽 죽 먹기를 싫어하더라.

11. 간장 공장 공장장은 강 공장장이고, 된장 공장 공장장은 공 공장장이다.

12. 경찰청 쇠창살 외 철창살, 검찰청 쇠창살 쌍 철창살

13. 우리 집 옆집 앞집 뒷창살은 홑겹 창살이고, 우리 집 뒷집 앞집 옆 창살은 겹홑 창살이다.

14. 내가 그린 기린 그림은 긴 기린 그림이고, 네가 그린 기린 그림은 안 긴 기린 그림이다.

15. 저기 가는 저 상장사가 새 상 상장사냐 헌 상 상장사냐.

16. 저기 저 말뚝은 말 맬 말뚝인가 말 못 맬 말뚝인가?

17. 칠월 칠일은 평창 친구 친정엄마 칠순 잔칫날

18. 한국관광공사 곽진광 관광과장

19. 생각이란 생각하면 생각할수록 생각나는 것이 생각이므로 생각하지 않는 생각이 좋은 생각이라 생각한다.

20. 고려고 교복은 고급교복이고, 고려고 교복은 고급원단을 사용했다.

21. 도토리가 문을 도로록, 드르륵, 두루룩 열었는가? 드로록, 도루룩, 두르룩 열었는가?

22. 귀돌이네 담 밑에서 귀뚜라미가 귀뚤뚤뚤 귀뚤뚤뚤, 똘똘이네 담 밑에서 귀뚜라미가 뚤돌둘둘 뚤돌둘둘

23. 청단풍잎 홍단풍잎 흑단풍잎 백단풍잎

24. 시골 찹쌀 햇찹쌀 도시 찹쌀 촌 찹쌀

시옷 발음이 잘 안 돼 심각하게 고민하는 사람들을 자주 만나는데요. 기억해야 할 것은 혀가 밖으로 나와 영어 'th' 발음이 되지 않게 하는 거예요. 그리고 시옷 소리를 내는 근육을 강화하려면 아래 문장을 천천히 읽어야 해요. 시옷이 들어 있는 단어의 모음을 길게 발음하면서요. 예를 들어 '스위스', '세상'이라면, 그저 빠르게 훅 읽으려고만 하지 말고 '스으 위 스으', '세에 사앙' 이런 식으로 모음을 길게 하면서 여러 번 익숙해진 후에 서서히 속도를 빨리하는 거예요.

"스위스에서 산새들이 속삭이는 산림 숲속에서 수사슴을 샅샅이 수색하며, 식사하고 산속 새 물로 세수하며 사는 삼십삼 살 샴쌍둥이 미세스 스미스 씨와 미스터 심슨 씨는, 샘숑 설립 사장의 회사 자산 상속자인 사촌의 사돈 김상속 씨의 숫기 있고 송글송글한 색시 샘숑 소속 식산업 종사자 김산술 씨를 만나서, 샘숑 수산물 운송수송 수색 실장에게 스위스에서 사슴을 샅샅이 수색했던 것을 인정받아, 스위스 수산물 운송수송 과정에서 상해 삭힌 냄새가 나는 수산물을 수색해내는 샘숑 소속 수산물 운송수송 수색사원이 되기 위해 살신성인으로 쉴 새 없이 수색하다 산성수에 손이 산화되어 수술실에서 수술을 했다."

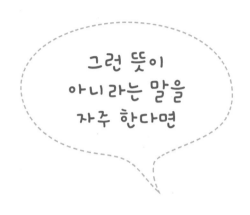

그런 뜻이
아니라는 말을
자주 한다면

들어보면 믿음이 가고 호감이 느껴지는 목소리가 있어요. 반면, 딱딱하고 무뚝뚝하게 들리는 목소리도 있는데요. 이런 목소리는 맞는 말을 해도 거부감이 들어요. 아무리 그래도 친구라면 진심을 알아줘야 하지 않느냐고요? 글쎄요. 그런 말투 때문에 가족마저 귀와 마음을 닫아버릴 수도 있답니다.

제 제자이자 따뜻한 스피커의 1호 강사인 유진 코치는 구연동화 지도사이자 그림책 전문가였어요. 아이 셋을 키우면서 일도 열심히 하는 워킹맘이었죠. 그런데 그녀가 어느 날 의외

말하기는 몸으로 익혀야 해요

의 고민을 털어놨어요. 구연동화 지도사라 누구에게나 늘 부드럽고 친절하게 말할 줄 알았는데, 가족에게는 투박하고 거칠게, 귀가 쩌렁쩌렁 울릴 만큼 큰 소리로 말한다는 거였죠.

어느 날, 초등 5학년 딸이 마음속 말을 툭 꺼내더래요.

"엄마 목소리 무서워. 왜 그렇게 말해? 그렇게 크게 말하지 않아도 알아듣는데……."

자기 말투에 가족들이 상처받는다는 걸 알고 너무 괴로웠대요. 달라지고 싶었대요. 그래서 자신의 '말'을 바꾸어 나가기 시작했어요. 참 열심히 연습했죠. 그러면서 여러 가지가 바뀌고 좋아졌는데요. 그중 제일 좋았던 건 어느새 말투가 부드러워지고 울림 있는 목소리로 바뀐 거였다고 해요.

유대인 속담에 '엄마는 공기다'라는 말이 있어요. 집안의 공기 같은 존재인 엄마의 '말'이 바뀌자 아이들도 그 따뜻하고 안정된 공기 안에서 몸도 마음도 건강해졌어요. 1년 동안 온갖 노력을 다해 스피치 강사 과정을 밟은 결과 이제는 아이들이 "우리 엄마는 스피치 강사"라고 자랑하고 다닌다더라고요.

평소 말투 때문에 오해를 받고 "내 말은 그런 뜻이 아니야."라며 변명했던 적이 있나요? 그렇다면 주목해서 봐주세요. 다정하면서도 설득력까지 갖춘 목소리와 말투를 갖는 방법, 그

비밀 두 가지가 무엇인지를요.

첫째는 말에 정성을 담는 거예요.

무의식적으로, 습관대로, 입에서 나오는 대로 내용만 전달되면 그만이라며 아무 생각 없이 말해서는 안 돼요. 그러면 말투에 성의가 없어지거든요. 듣는 사람의 입장과 상황을 고려하고, 내 말이 어떻게 들릴지 미리 상상하면서 말을 꺼내야 해요. 뭘, 그렇게까지 하냐고요? 그렇게 하지 않아서 가족이나 친구 간에 갈등이 더 깊어지는 거니까요. 성의를 다해 말하면 상대가 귀를 기울이고, 지지하고, 응원한답니다. 또 그런 말을 들은 친구는 다른 친구에게 그렇게 하죠. 세상이 따뜻해지는 거예요.

또한, 말을 끝낼 때의 말투도 중요한데요. 말끝을 바닥에 툭 떨어뜨리지 말고 동그랗게 포물선을 그린다고 상상하며 말해야 해요. 말하기는 상상하는 대로 나오는 이미지 트레이닝의 영역이에요. 의식적으로 꾸준히 연습하다 보면 어느 순간 동그랗고, 부드럽고, 다정하면서도 믿음이 가는 말투로 바뀌게 돼요. 게다가 변해가는 내 말투는 친구나 가족 간 갈등과 그로 인한 스트레스도 확 줄인답니다.

둘째는 자기만의 톤을 찾는 거예요.

말하기는 몸으로 익혀야 해요

합창단에 들어가려면 오디션을 보잖아요. 그때 지휘자는 지원자의 노래를 들으면서 음역대를 파악하고 소프라노, 알토, 테너, 베이스 등으로 파트를 나눠요. 그런데 노래만 그럴까요? 아니에요. 말에도 자기만의 톤, 즉 자기만의 키가 있어요. 바로 그걸 찾아야 해요. 내가 내는 가장 매력적인 소리거든요.

방송국에서 일할 때, 저는 항상 제 목소리 톤보다 높은 소리로 방송을 했어요. 처음에는 예쁘게 들리지만, 오래 듣다 보면 귀를 피곤하게 만들어 부담스러워진다는 걸 한참 뒤에야 알았죠. 그러다 아이가 어릴 때 성대결절이 왔는데요. 왜 그렇게 됐을까 곰곰 생각해보니 지친 상태에서도 오랜 시간 목에 힘을 주어 아이들에게 책을 읽어주고, 종종 목에 핏대를 세우고 소리를 지르기 때문인 것 같았어요. 우울증까지 겪었죠.

그때 알아낸 게 있어요. 예쁘게 소리를 내느라 내 목소리 톤을 모른 채 다른 사람의 소리를 흉내 내고 있었다는 것, 원래의 내 소리는 톤이 그렇게 높지 않다는 것, 그리고 목소리의 소중함이었죠. 그래서 진정한 내 목소리를 찾기로 결심했어요. 복식호흡과 복식발성으로 목소리를 관리하기 시작하면서 '아치 개방법'과 '마스크 공명법'을 연습했죠. 그렇게 해서 마침내 편안하고, 따뜻하고, 울림 있는 소리를 갖게 된 거예요.

그렇다고 꼭 하나의 톤으로만 책을 읽거나 말을 하라는 게 아니에요. 자신에게 어울리는 톤으로 말을 할 때 진심이 담기고, 호소력 있고, 마음을 움직이는 목소리를 낼 수 있다는 뜻이죠. 그게 바로 자신이 가진 본래의 목소리니까요.

그렇다면 자신만의 톤은 어떻게 찾을 수 있을까요?

★ 나만의 톤 찾기

1. 어깨에 힘을 빼고 편안한 자세로 앉아 복식호흡을 이어가며 들숨과 날숨을 몇 번 반복해요.

2. 숨을 들이마신 후 날숨에 "하~ 아~" 소리를 내요. 소리가 아닌 숨부터 뱉으며 그 위에 소리를 얹는다고 생각해요.

3. 다시 한번 소리를 내는데, 이번에는 손끝을 목에 있는 성대에 대요. 남자는 볼록 튀어나온 울대뼈, 일명 '아담스 애플'이 그곳인데요. 여자도 작지만 조금 튀어나온 부분이 있어요. 침을 꿀꺽 삼켜보면 어딘지 금방 알게 돼요. 그곳에 손을 대고 "아!" 하고 짧게 고음을 내면 올라가고, "어~" 하고 길게 저음을 내면 내려가는데요. 올라가지도 내려가지도 않으면서 가운데에서 떨림과 울림이 느껴질 때, 그게 바로 나만의 목소리 톤이에요. 그 톤으로 "하~ 아~" 소리를 계속 내다가 익숙해지면 그 톤을 유지하면서 글자를 읽어보세요. 달라지는 게 확연히 느껴질 거예요.

또 사람들은 공명이 되는 목소리를 원해요. '공명'은 진동하는 진폭이나 에너지를 말하는데요. 고급스러운 목소리를 갖고 싶기 때문이에요. 그럼 어떻게 하면 그런 매력적인 목소리를 낼 수 있을까요? 바로 '아치 개방 발성법'과 '마스크 공명법'을 연습하면 돼요. 이름만 어려울 뿐 아주 쉬워요.

아치 개방 발성법은 한마디로 입을 크게 벌리는 거예요. 하품할 때를 상상해보세요. 입이 가장 크게 벌어지죠. 그때 목젖 양옆의 아치가 들려 올라가는데, 그것이 둥글게 열리는 상태를 '아치 개방'이라고 불러요. 이 아치가 둥글고 넓을수록 입 안의 넓어진 공간에서 소리가 둥글게 공명하면서 맑고 울리는 음성이 만들어지는 거죠. 지금 아치를 약간 넓힌 상태에서 말해보세요. 부드럽게 울리면서 보다 명료한 소리가 나온답니다. 이때 꼭 기억할 게 있어요. 소리가 입 밖으로 시원하게 무지개처럼 곡선을 그리며 뻗어나가도록 해야 한다는 거예요.

그다음은 마스크 공명법이에요. 말 그대로 마스크를 쓰는 부분인 마스크 존이 내 목소리로 울리는 걸 말하는데요. 그러면 더 부드럽고 풍부하며, 개성 있고 응집력 있는 소리를 낼 수 있어요. "음~" 하고 콧소리를 내면서 코와 입 주변에 손을 대보세요. 그 부분이 진동하며 울리는 게 느껴질 거예요.

말하기는 몸으로 익혀야 해요

⭐ 아치 개방 발성법 연습하기

거울을 손에 들고 자기 입 모양을 보세요. 그리고 아치를 개방해 입을 크고 동그랗게 벌린 상태를 유지하면서 다음 단어를 소리 내어 읽으세요. 자신의 톤을 기억하고 그 톤으로 소리를 내려고 노력하면서요.

'가을, 어머니, 아버지, 우리나라, 맑은 하늘, 과일, 바람'

문장도 읽어보세요. 중간에 숨을 쉬지 말고 한 호흡에 한 문장을 끝까지 연결해서 소리를 내야 해요.

'우리는 하하 기분 좋게 웃는다.'
'물은 항상 아래로 흐르는데, 그 흐름은 자연스러운 것이다.'
'우리 가족은 함께 여행하며 서로에 대해 더 잘 알게 되었다.'

아치 개방 발성법으로 꾸준히 연습해 중저음이 탄탄해지면 따뜻하고 편안하고 듣기 좋은 목소리, 신뢰감을 주는 매력적인 목소리가 나온답니다.

마스크 공명법 연습하기

1. 코로 숨을 들이마신 후 바로 아치를 개방해 "하~" 소리를 내다가 다물면서 "암~" 소리를 유지하며 입술의 부드러운 진동을 느껴보세요.

2. 다시 한번 같은 방식으로 "함~" 소리를 내면서 입술을 튕기며 "마~ 미~ 모~" 하고 소리를 내보세요.

3. "함~ 마~ 미~ 모~" 소리를 내다가 연이어 "안녕하세요, 반갑습니다. 발표를 맡은 ○○○입니다."라고 말해보세요.

아치를 개방하고 마스크 존을 울리면서 말을 하면 저절로 표정이 열리고, 소리가 열려요. 한 친구가 그랬어요. 말을 할 때 입을 위아래로 크게 벌리면서 입꼬리까지 올리고 말을 하니 소리도 울릴 뿐 아니라 예뻐지고 어려졌다는 말까지 듣는다고요. 맞아요! 이와 같은 목소리 성형은 돈 들이지 않고 좋은 목소리와 예쁜 얼굴, 거기다 동안까지 따라온답니다.

말하기는 몸으로 익혀야 해요

말에 진심을
담고 싶다면

마음이 널널하게 풀어진 주말 오후, 전화벨이 울렸어요. 이름을 보니 주말에 전화할 분이 아니었죠. 얼른 받았어요.

"따스 코치님, 급한 일이 생겼습니다. 다음 주에 있는 투자 유치 프레젠테이션 때문에 리허설을 했는데요. 발성도 안 좋고, 감정도 너무 밋밋해서 내용 전달이 잘 안 된다는 피드백을 받았어요. 큰일이네요. 어떻게 좀 안 될까요?"

보내준 그의 영상을 보니, 잔뜩 긴장해 소리가 떨리는 데다 소리가 너무 닫혀 있어 갑갑하기 짝이 없었고, 높낮이가 없는 평이한 말투로 발표를 하고 있더라고요.

소통 전문가로 잘 알려진 유명 강사 김창옥 교수가 말했어요.

"진심이 느껴지게 말하는 방법은 그냥 진심이면 된다."

저도 마찬가지예요. 자신이 옳다고 생각하는 어떤 마음이나 믿음을 다른 이들에게 전하고 싶을 때, 특히 진심으로 도움을 주고 싶을 때는 목소리도 달라지거든요.

하지만 뭔가를 발표할 때는 진심을 전하기가 쉽지 않아요. 내용을 완벽히 숙지해 토씨 하나 틀리지 않고 말해야 한다는 강박 때문에 아주 무미건조하게 말하게 되죠. 그렇게 열심히 준비했는데 정말 안타까워요. 자료를 읽듯이 말하면 청중은 집중은커녕 점점 눈동자가 풀려버려요. 그러면 발표자는 자신감을 완전히 잃고 없던 발표 불안까지도 생긴답니다.

그럼 어떻게 해야 친구들을 내 이야기에 끝까지 집중시킬 수 있을까요? 지루하지 않은 목소리, 즉 생동감 넘치고 진심이 느껴져 쏙쏙 빨려들게 만드는 말하기는 어떻게 하면 가능할까요?

첫째, 연습을 여러 번 반복하는 거예요. 청중을 단번에 확 끌어들이는 스타 강사는 연습을 안 할까요? 그렇지 않아요. 훨씬 더 많이 연습하죠.

스스로 말을 잘한다고 생각하나요? 그렇다면 연습도 없이 발표를 했다거나, 머릿속으로만 연습하다가 횡설수설한 적이 분명 있을 거예요. 맞아요. 머릿속으로 연습하는 것과 친구들 앞에서 소리 내어 연습하는 건 완전 달라요.

발표 자료를 준비했다면 친구들이 앞에 있다고 생각하거나 가족이든 인형이든 반려동물이든 앞에 앉히고 직접 말을 해봐야 해요. 그래야 논리적으로 잘 전개되는지, 무엇을 빼고 보충해야 하는지 확실히 알게 돼요. 또 그 모습을 녹음하거나 녹화해 다시 듣거나 보면 더욱 좋아요. 그 과정을 통해 '친구들에게 이 이야기가 왜 필요한지, 그래서 뭐가 어쨌다는 건지' 스스로 질문하고 보완할 수 있어 내용이 훨씬 탄탄해지거든요.

이처럼 실전 같은 리허설을 적어도 10번 이상은 해야 해요. 꿈 전도사이자 베스트셀러 작가로 유명한 김미경 강사도 강의할 때마다 어마어마하게 연습한다고 해요. 아이폰을 만든 스티브 잡스도 프레젠테이션을 앞두고는 약 한 달 전부터 매일 리허설을 하면서 청중에게 보여주고 싶은 대로 여러 번 내용과 형식을 다듬었답니다. 앞에 청중이 가득한 상태를 상상하고 목소리, 자세, 손짓 등 모든 게 완벽하고 멋지다고 생각될 때까지 계속 연습한 거죠.

둘째는 강조법을 사용하는 거예요. 안정된 호흡과 발성, 발음 연습은 말하기의 기본을 갖추는 일일 뿐, 평이한 말하기와 진심 담긴 말하기의 차이는 '강조'에 있어요. 강할 때는 강하고 약할 때는 약하게, 높을 때는 높고 빠를 때는 빠르게, 그리고 천천히 할 때는 아주 천천히 하면서 친구들을 지루할 틈이 없게 만드는 거죠. 그게 바로 외운 듯 말하는 게 아니라 말하듯 말하는 방법이며, 지루하게 말하는 게 아니라 넘치는 활력으로 집중력을 높이는 말하기인데요. 네 가지 강조법이 있어요.

그중 하나는 '높임 강조'예요. 중요하다고 생각하는 단어 등을 배에 힘을 주고 크고 강하게, 높은 톤으로 말하는 거죠. 참고서에 밑줄 치듯 이야기의 핵심을 강조해 집중력과 전달력을 높이는 방법이에요.

다음 문장의 밑줄 친 부분에서 톤을 높여 말해보세요. 평범하게 흘러가는 말속에서 특정 부분이 힘있게 들리고 그 부분이 상대에게도 명료하게 각인이 된답니다. 다른 곳과 차별화되도록 도드라지게 읽어야 리듬감이 살아나요. '모나리자' 게임처럼요.

- 말하기는 자신의 <u>삶을</u> 정리하는 것입니다.
- 말하기는 자신의 삶을 <u>정리</u>하는 것입니다.
- 저에게 있어서 가장 <u>중요한</u> 것은 가족에 대한 사랑입니다.
- 저는 '<u>코치</u>'이고 여러분은 '선수'입니다.

어때요, 말할 때 리듬이 느껴지지 않나요?

또 하나는 '낮춤 강조'예요. 높임 강조와는 반대로 중요하다고 생각되는 부분에서 오히려 톤을 낮춰 약하게 말함으로써 그 의미가 상대의 마음에 닿게 만드는 거죠. 그렇다고 작게 말하라는 게 아니에요. 배에 힘을 더 주고 낮은 톤, 즉 느낌은 살리되 저음으로 말하라는 뜻이죠. 특히, 좌절이나 실패, 절망, 약함 등 부정적인 이미지의 단어를 말할 때 사용하면 효과적이에요.

밑줄 친 부분을 목소리를 낮춰 강조하며 연습해봐요.

- 좋은 습관을 기르지 않는 것은 인생을 소중히 여기지 <u>않는 것과 같습니다.</u>
- 그 말을 듣는 순간 제가 갑자기 너무도 <u>작게 느껴졌습니다.</u>

다른 하나는 '늦춤 강조'예요. 어떤 부분을 속도를 늦춰 천천히 또박또박, 즉 늘려 말함으로써 듣는 사람에게 중요하다는 인식을 심어주는 방법이죠. 어렵고 복잡한 내용이나 숫자, 인명, 지명, 연대 또는 강조하고 싶은 부분에 활용하면 좋아요. 너무 쉽거나 중요치 않은 내용, 듣는 사람들이 다 아는 내용은 빠르게 말해야 리듬감이 생겨요.

다음 문장의 밑줄 친 부분을 '늦춤 강조'로 말해보세요.

- 휘발유 평균값이 전주보다 리터당 <u>23.1원</u>이 올랐습니다.
- 말하기는 머릿속으로 생각하는 게 아니라 <u>실행하는</u> 겁니다.
- 내년 수출 증가율이 <u>두 자릿수를</u> 기록할 것으로 보입니다.

마지막 네 번째는 '잠깐 멈춤'으로, 아주 세련되고 프로페셔널한 느낌이 물씬 풍기는 강조법인데요. 멈춤을 잘 활용하면 청중들의 귀와 마음을 동시에 사로잡을 수 있어요.

중요한 내용을 말하기에 앞서 2초 정도 잠깐 말을 멈춰보세요. 사람들은 '왜 갑자기 말을 멈추는 거지? 무슨 이야기를 하려는 걸까?' 생각하며 더 기대하고 집중한답니다. 그러면 그다음에 오는 단어나 구절이 자연스럽게 강조되죠. 다음 문장의 '|' 표시가 있는 곳에서 2초 정도 쉬었다가 그다음 단어에 여러

강조법을 사용해 말해보세요.

- 하루를 마칠 때마다 | 감사 일기를 써보십시오.
- 자신을 잘 아는 사람은 | 타인을 이해하는 것도 잘합니다.

이 같은 네 가지 강조법은 처음에는 아무래도 어색할 거예요. 하지만 꾸준히 연습해 자연스러워지면 아주 강력한 무기가 돼요. 말의 설득력이 높아지고 청중의 집중도가 달라지거든요. 평소에도 똑같은 톤, 똑같은 속도가 아닌, 말과 밀당하듯 다양한 느낌으로 핵심을 강조하며 리듬을 살려 말해보세요. 말이 아름다운 연주 같아지고 나를 보는 친구들 눈빛이 달라진답니다.

말하기는 몸으로 익혀야 해요

책을 읽을 때
더듬는다면

"와, 코치님. 친구들과 《어린 왕자》 책을 돌아가며 낭독하고 녹음하니까 제가 꼭 성우가 된 것 같아요. 그런데 전 왜 이렇게 자꾸 더듬고 틀리게 읽죠?"

초등 5, 6학년 친구들과 오디오북 만들기를 해봤어요. 말하기 수업을 하면서 실력이 부쩍 늘었던 터라 내심 기대하면서 녹음을 위해 성능 좋은 마이크도 사고, 들떠 있었죠. 그러고는 첫날 책을 소리 내서 읽기 시작했는데요. 실제로 해보니 글자를 틀리게 읽거나 더듬는 친구들이 많아서 깜짝 놀랐어요.

걱정이 좀 됐어요. 잘못 읽거나 더듬지 않아야 낭독에 색깔을 입히듯 감정이입도 하고, '책 읽듯이'가 아닌 '친구들에게

말하듯' 느낌을 살릴 수 있거든요. 그런데 여러 번 해봤지만 좀처럼 나아질 것 같지 않았어요. 어릴 땐 책도 많이 읽고, 소리 내서 읽기도 곧잘 했는데 왜 그럴까요? 잘 생각해보세요. 어릴 땐 그랬지만 언제부터인지 스마트폰에 몰두하면서 지금은 독서도, 낭독도 잘 안 하는 건 아닌지 말이에요.

그런데 비록 낭독으로 오디오북을 완성하진 못했지만, 참여한 친구들은 이 프로젝트로 많은 걸 얻었어요. 소리 내서 읽다 보니 책에 몰입되면서 눈으로만 읽을 때는 몰랐던 여러 가지 감정을 느낄 수 있어 좋았다는 거예요. 또 누군가에게 들려준다고 생각하고 천천히 호흡하며 문장을 읽으니 집중력과 복식호흡, 발성, 발음이 저절로 단단해져 목소리에 전달력도 생겼고요.

말을 잘하고 싶나요? 그렇다면 집에서 '문장을 소리 내서 읽는 낭독 훈련'을 해보세요. 말하기 전문가들은 모두 하나같이 "잘 읽는 사람이 말을 잘할 수 있다."고 강조해요.

아나운서 시험 중에는 한 번도 읽어보지 않은 원고를 보고 바로 뉴스를 진행해야 하는 단계가 있어요. 그걸 해보면 낭독 능력의 차이가 명확하게 드러나거든요. 자, 친구들도 지금 이 책의 한 페이지를 소리 내어 읽어보세요. 어떤가요? 틀리거나 더듬을 때가 생각보다 많지는 않나요?

낭독할 때는 눈으로 본 글자 정보를 뇌에서 인식하고, 뇌는 조음기관(입술, 혀, 아래턱)에 발음하라는 명령을 내려요. 이 과정을 반복적으로 훈련하면 읽는 힘이 발달해 어려운 문장도 더듬지 않고 능숙하게 읽게 되죠.

그럼 낭독 훈련은 어떻게 해야 할까요? 먼저 책을 준비한 후 오른손으로 펜을 잡아요. 한 페이지 전체를 소리 내어 읽다가 잘못 읽거나 더듬을 때마다 펜으로 책 또는 다른 메모지에 '1, 2, 3…'이라고 숫자를 써요. 그렇게 한 페이지를 다 읽고 나면 자기가 잘못 읽은 횟수를 알 수 있는데요. 만약, 20번이 나왔다면 똑같은 방식으로 내일은 19번을 목표로 훈련하는 거예요. 어떤 책이든 상관없어요. 단, 만화책은 안 돼요. 만화책은 글에만 집중하기 어려워서 낭독 훈련에는 맞지 않거든요. 또 낭독할 때는 입을 작게 벌리거나 우물우물해서는 안 돼요. 크게 벌리고 아나운서처럼 조금 빠르게 큰 소리로 읽어야 해요.

낭독하다가 더듬는 건 집중력이 떨어졌기 때문이에요. 더듬은 부분과 개수를 정확하게 알고 몇 개로 줄이겠다고 목표를 잡으면 집중력이 높아져요. '낭독을 꾸준히 하면 집중력이 발달하고, 뇌를 세 번이나 자극해서 정보가 기억에 가장 오래 남게 만든다'는 연구 결과도 있거든요.

말하기는 몸으로 익혀야 해요

많은 양의 글을 소리 내어 읽으면 낭독과 목소리에 대한 자신감이 생기고, 어떤 글을 읽더라도 정확하고 안정되게 전달하는 능력이 생겨요. 친구들과 낭독모임을 한번 해봐요. 좋아하는 책을 한 권 정해 분량을 나눠 녹음한 후 서로 파일을 이어 붙여 하나의 오디오북을 만들어보는 거예요. 목표가 생기면 더 열심히 하게 되고 결과물도 생기니 보람을 느끼죠.

그다음 그렇게 만든 오디오북을 USB나 핸드폰에 저장해 다니면서 들어보세요. 친구나 소중한 사람에게도 선물하고요. 어떤 유명 성우의 녹음보다도 가치 있는 멋진 선물이 되지 않을까요?

또 하나, 신문 사설이나 논평 같은 걸로 낭독을 훈련하면 문장의 논리 구조까지 익힐 수 있어 글쓰기와 말하기 둘 다 동시에 좋아진답니다. 일석이조인 셈이죠.

말하기, 혼자
연습하려면

　말하기 연습은 녹음과 영상을 이용하는 방법이 제일 좋아요. 전략과 기술을 배워 많은 걸 알더라도 직접 여러 번 해보지 않으면 자기 것이 되기 쉽지 않거든요. 그래서 저는 코칭할 때 항상 발음과 발성 연습에 좋은 원고를 주고 직접 낭독해 녹음하거나, 주어진 주제로 2분 또는 3분 말하기를 영상으로 찍어 보내 달라고 요청하죠.

　그런데 중요한 건 그걸 다시 듣고 보는 거예요. 녹음된 자기 음성이나 영상을 눈과 귀로 직접 관찰하고 느낀 점이나 모자란 부분, 새로운 변화 등을 체크하는 거죠. 그러면 혼자서도 자기 목소리와 몸짓언어 등을 계속 발전시킬 수 있어요.

말하기는 몸으로 익혀야 해요

사실, 처음에는 좀 부담스러워요. 자기 목소리는 어색해 듣기 싫고, 화면 속 자신의 모습은 보기 민망하거든요. 그래서 얼굴이 빨개지면서 귀를 틀어막는 친구들도 있죠. 하지만 어쩔 수 없이 과제를 하나하나 하다 보면 변화가 일어나요. 그렇게 듣기 싫던 자신의 목소리와 친해지기 때문이죠.

기계에서 나오는 자기 목소리가 이상하게 들리는 이유는 소리를 전달하는 전도체가 달라서예요. 내 목소리를 그냥 들으면 내 몸이 전도체가 되고, 녹음해 들으면 기계가 전도체가 되는 건데요. 상대에게는 녹음된 음성과 같은 소리로 들린다고 해요. 그러니 내 목소리와 친해지려면 녹음된 내 음성을 많이 들어봐야 하는 거예요.

또 그렇게 귀에 익어 친해지면 결국엔 놀랍게도 자신의 목소리를 좋아하게 되는데요. 그 기분은 뭐랄까요. 사랑하지만 헤어질 수밖에 없었던 여친이나 남친을 다시 만난 기쁨? 아니면 미처 몰랐던 나의 엄청난 매력을 발견한 즐거움이랄까요?

"선생님, 제 목소리가 정말 듣기 싫더니, 매일 녹음해 반복해서 듣다 보니 좋아졌어요. 그리고 자꾸 다른 사람에게 말을 하고 싶어져요. 발표 불안증도 사라진 것 같고요. 제 목소리가 이렇게 좋은 줄 미처 몰랐어요."

"제 목소리가 이렇게 괜찮다니, 연습하고 다듬어가니 정말 좋아지네요! 이제는 유튜브에도 도전할래요."

"연습하다 보니 자신감이 생겼어요. 강사가 되고 싶어졌어요."

다른 사람의 목소리와 유창한 말을 부러워하고 감탄하다가 마침내 자신의 목소리를 제대로 마주한 친구들의 말이에요. 막연히 말하기를 두려워했던 친구들도 이제 자신의 목소리와 사랑에 빠졌다며 즐거워하죠. 자신이 말 잘하는 사람이 된 것 같다면서요! 물론, 아무리 녹음하고 녹화해도 아무 생각 없이 듣고 보기만 하면 효과가 없어요.

그럼 어떻게 해야 할까요? 다음의 다섯 가지를 체크해야 해요.

첫째는 '목소리' 자체인데요. 녹음된 자기 목소리가 뒤쪽으로 먹혀들어 가는 소리는 아닌지 유심히 들어봐야 해요. 이전에는 구분할 수 없었다고 해도 앞에서 배운 복식호흡, 복식발성 그리고 아치 개방과 마스크 공명법을 연습하며 냈던 소리와 비교하며 들으면 알 수 있을 거예요.

소리가 시원하게 앞으로 잘 뻗지 않고 답답하다면 호흡이 나오지 않은 채 소리만 나오고 있을 가능성이 커요. 그럴 땐

말하기는 몸으로 익혀야 해요

내 목소리 맞아? 너무 이상한데?

네 목소리 맞아. 원래 그래.

아냐! 이게 내 목소리일 리가 없어!

말하고 싶지 않아!

상대에게는 녹음된 목소리로 들린대요.

그래서 자기 목소리를 녹음해서 자꾸 들어봐야 해요.

그러면 자기 목소리를 좋아하게 될 거예요.

목에 힘을 뺀 후 배에 힘을 주고 "야호~ 야호~ 야호~"하면서 앞을 향해 여러 번 소리를 내보세요.

또 목소리 톤도 들어봐야 해요. 처져 있거나, 시종일관 낮거나, 부담스러울 정도로 높은 톤으로만 똑같이 반복되는 건 아닌지 말이에요. 그러면 듣는 사람이 지루해지거든요. 이럴 때는 앞에서 얘기한 것처럼 강조하고 싶은 키워드를 높게, 낮게, 늦춰서 또는 일시정지하는 '강조법'만 활용해도 좋아질 거예요.

두 번째는 '속도'에 관한 거예요. 사람들은 보통 자기가 얼마나 빠르고 느리게 말하는지 잘 몰라요. 그래서 조절을 못 하죠. 그런데 녹음해서 꾸준히 들어보면 자신의 속도에 감이 오기 시작해요. 듣는 사람 편에 서서 알아듣기 쉽게 편안한 속도로 말하는지, 바르게 띄어서 이해하기 쉽게 말하는지, 내용에 어울리는 속도로 적절하게 잘 조절하는지 알게 되는 거죠.

세 번째는 '발음'이에요. 말하는 친구가 발음이 명료하면 얼굴을 다시 한 번 쳐다보게 되잖아요. 말에서 세련미가 느껴지니까요. 그게 바로 좋은 발음 때문이랍니다. 반면에 말하는 사람의 발음이 어눌해서 전달력이 떨어지면 답답하죠. 한 번에 알아들을 수 없어 피곤하고 집중력이 확 떨어지거든요. 그래서 후루룩후루룩 대충 발음하지는 않는지, '아, 이, 우, 에, 오' 같은 모음을 발음할 때 입이 잘 벌어져 음가가 제대로 나오는지, 시옷이 들어 있는 단어를 말할 때 혀가 밖으로 나와 영어의 'th' 발음처럼 되지는 않는지 세심하게 체크해야 해요. 또한, 이중모음과 받침소리들을 대강 발음해서 전달력이 떨어지는 건 아닌지도요.

네 번째는 '내용'이에요. 이 말 했다 저 말 했다 하는 식으로 이야기가 맥락 없이 이어지지는 않는지, 본론에서 말하고 싶은 핵심 주제가 분명하게 드러나는지 살펴보세요. 말을 시작하는 오프닝은 주제에 맞게 공감을 유도하는지, 꼭 들어보고 싶다는 마음이 들게 흡입력이 있는지 체크해야 해요. 또 말을 끝내는 클로징 부분에서는 다시 한번 주제를 간략하게 잘 정리해주는지, 그 주제를 빛내는 명언이나 청중을 움직이게 할 실천 사항이 잘 드러나 있는지 등을 확인해야 해요.

다섯 번째는 '책 읽듯' 말하지는 않는지 보는 거예요. 연습이라도 실제로 앞에 친구들이 있다고 생각하고 그 앞에서 말하듯 하고 있는지 아닌지를 말이죠. 무엇보다 말은 상대의 마음에 와닿게 해야 해요.

이렇게 스스로 코칭을 하다 보면 자신의 말하기를 객관적으로 보는 눈과 귀가 열리기 시작해요. 자신의 목소리를 경청하는 훈련은 결국 다른 사람의 말도 잘 듣는 사람으로 자신을 변화시키죠. 스스로 말하기 코칭을 할 때도 친구들과 목소리 가꾸기 동아리나 스피치 모임을 만들어 함께해 보세요. 훨씬 좋아요. 서로의 말하기를 듣고 피드백을 나누다 보면 실전에서도 설득력 있고 열정적으로 말하는, 놀랍게 달라진 자신을 만나게 될 거예요. 한 달만 꼭 해보세요!

말하기는 몸으로 익혀야 해요

3장

이럴 때는 이렇게 말하세요

'말발'이라는 말 들어봤나요? 사전에는 "듣는 이로 하여금 그 말을 따르게 할 수 있는 말의 힘"이라고 나오는데요. 우리는 보통 '말싸움에서 상대를 이기는 능력'이라고 생각하죠. 가끔 대화를 나누는 자리에서 "아, 나는 말발이 없어서 무슨 말을 해야 할지 모르겠네."라고 말하는 친구들이 있어요. 정말 그럴까요? 말을 잘하고 못하는 게 '말발'과 관련이 있을까요?

어릴 때부터 말하기를 좋아했던 저는 학교는 물론, 여기저기서 주최하는 웅변대회나 발표 등 말과 관련된 행사에는 빠지지 않고 참석하는 편이었어요. 그러다 우울한 사춘기를 겪으면서 무력감에 빠졌는데요. 언젠가부터 자신감의 근원이던 제 말들이 허공을 떠돌다 사라지는 메아리처럼 느껴져 입을 다물게 되었어요. 나중에는 발표 불안증까지 겪었죠. 말하는 게 두려웠거든요.

대학에 들어가면서 이러면 안 되겠다 싶어 용기를 냈어요. 방송반 아나운서가 되었죠. 방송반 활동은 즐거웠고, 그때부터 말 한마디라도 더 잘하고 싶어서 미리 준비하는 습관이 생겼어요. 고민하고 준비했던 나의 말들이 사람들에게 웃음과 용기를 주고 뭔가 변화를 일으키면 살맛이 났죠. 내친김에 방송국 시험에 합격해 MC와 리포터로 일했는데요. 20대부터 시작해 지금까지 방송과 강의를 하면서 말하기에 더 깊은 관심을 갖게 됐어요. 제 말이 상대에게 어떻게 전달되는지 상황별로 지켜보며 연구하고 조언을 듣는 것도 마다하지 않았죠. 그렇게 많은 연구와 연습, 성공과 실패의 경험이 쌓여 말하기 전문가가 되었어요.

말 잘하는 이유는 단순히 '말발' 때문이 아니에요. 말은 '원리'가 있는 '과학'으로, 원리를 익히고 계속 연습하니 잘하게 되는 거예요. '노력'에 의한 결과죠. 말로 사람을 끄는 힘을 가진 이는 말공부와 연습을 많이 한 사람일 확률이 높아요.

말과 글을 함께 아우르는 스타 강사 김미경은 자신의 저서 《아트 스피치》에서 이렇게 말했어요.

"불후의 명곡은 과학적이다. 모차르트나 베토벤의 고향곡이 사람의 감성을 울리는 이유는 철저히 과학적인 구조로 되어 있기 때문이다. 스피치도 마찬가지다. 음악이 리듬, 가락, 화성 등의 요소로 이루어진다면 스피치는 콘텐츠, 채색, 몸짓언어, 청중, 공간, 언어 등으로 이루어진다. 오바마의 스피치가 미국인의 심금을 울렸던 것도 이 5가지가 완벽히 어우러졌기 때문이다."

그러면서 "스피치를 음악의 원리에 적용하니 사람을 감동시키고 설득하는 스피치의 대가가 될 수 있었다."라고 멋지게 자신을 소개했어요.

자, 이제 각각의 말하기 원리를 배우고 그에 맞게 나의 이야기를 해보세요. 말하기가 참 쉽고 재밌다는 걸 알게 될 거예요.

자기소개를
잘하고 싶을 때

초등학교 선생님들을 대상으로 말하기 연수를 했던 적이 있는데요. 사전설문조사 결과를 보고 깜짝 놀랐어요. 아이들 앞에서 말하는 게 직업인 선생님들이 말하기에 대한 고민이 너무 많은 거예요. 목소리가 갈라지고 약해졌다는 것부터 시작해, 수업 중에 "선생님 무슨 말인지 하나도 모르겠어요. 재미없어요."라는 말을 듣고 자신에게 무슨 문제가 있나 싶어 속으로 끙끙 앓던 선생님도 있었죠. 또 교사 연수나 연구발표에서 프레젠테이션을 잘 못해 늘 불만인 선생님도 많았어요.

연수 기간 동안 목소리 훈련법과 다양한 프레젠테이션 방법을 가르쳤어요. 선생님들 각자의 고민에 대한 해답도 하나하

이럴 때는 이렇게 말하세요

나 제시했더니 얼굴이 환해지는 걸 느낄 수 있었어요.

강의 마지막에 함께한 시간 중 가장 유익했던 게 무엇이었냐고 물었더니 '자기소개 말하기'라는 대답이 제일 많았어요. 전근 갈 때나 연수 때마다 자기소개를 해야 하는데, 그게 가장 고민이었다는 거예요. 선생님들에게 제일 쉬울 것이라고 생각했던 지기소개가 가장 불편했다니 의외였지요. 학년이 바뀌고 처음 만나는 제자들에게 자기소개를 잘해서 빨리 친해지고 싶다는 선생님도 많았는데, 그만큼 진심으로 학생들을 사랑하는 마음이 느껴져 그 희망이 꼭 이루어지기를 바랐죠.

자기소개는 누구나 하는 평생 고민이에요. 면접뿐만 아니라 학기 초 인사할 때나 동아리나 봉사활동 등을 할 때도 피해 갈 수 없죠. 자기소개 시간이 부담스러워 일부러 첫 시간에 빠졌다고 고백하는 사람들도 있는데요, 그러면 안 돼요. 그 말이 자신을 비호감으로 만들거든요.

첫인상을 좌우하는 '자기소개'는 새로 만나는 사람들과 자신을 연결시켜 친해지게 만드는 고리예요. 그런데 귀찮고 어색하다고 피하면 어떻게 될까요? 마음을 붙이지 못하고 계속 겉돌게 돼요.

그럼 자기소개는 어떻게 해야 할까요? 그 방법을 배우기 전에 꼭 피해야 할 세 가지를 먼저 알아볼게요.

첫째, 지나치게 길게 또는 짧게 말하지 않는 거예요. 40초에서 1분 정도가 적당해요. 만약, 어떤 친구가 5분 이상 길게 자기소개를 한다면 어떨까요? 아무리 재미있어도 지루해질 거예요. 사람들은 대부분 길게 말하는 걸 싫어해요. 일본의 유명 카피라이터인 '유게 토루'는 《짧은 말이 무기가 된다》라는 책에서 "듣는 이는 짧게 말하는 이를 좋게 평가하고, 다음에 이어지는 말에도 귀를 기울인다."고 했어요. 그러면 영향력이 더 커진대요.

그런데 10대들은 자기소개를 너무 짧게 해서 문제예요. 어떤 친구는 이름 정도만 말하고 끝내는데, 그러면 아무도 기억하지 못해요. 상대에게 자신을 좋게 각인시킬 소중한 기회를 그냥 버리는 거죠. 자기소개는 40초에서 1분이 적당하다는 걸 꼭 기억하세요.

둘째, '들어주셔서 감사합니다.' 같은 형식적이고 상투적인 말은 피하는 게 좋아요. 물론, 아무 말 안 하는 것보다는 이런 말이라도 하는 게 낫죠. 무조건 빼라는 게 아니에요. 형식적인 말만 하다가 정작 자기소개에서 '자기'를 없애는 잘못을 하지 말자는 뜻이죠.

친구들을 만나는 게 왜 반가울까요?

"게으름을 반성하고 독서 습관을 갖기 위해 ○○ 독서 동아리에 들어왔는데요. 그래선지 여러분을 만나니 더 반갑네요."

아무 준비 없이 "반갑습니다."를 연발하거나, 대충 말하고 "들어주셔서 감사합니다."라는 형식적인 말로 자기소개를 끝내시는 안 돼요. 짧게라도 자신의 이야기가 들어가야 해요.

셋째, 어두운 표정과 작은 목소리로 말하지 않는 거예요. 어두운 표정은 저절로 딱딱하고 비호감인 말투가 되거든요. 말을 할 때는 확실하게 미소를 짓는 게 좋아요. 그러면 긴장이 누그러져 떨리던 목소리도 차분해져요. 자신이 얼마나 다정하고 친근한 사람인지 보여주며, 엔돌핀이 생성돼 기분도 좋아지죠.

자기소개는 내 말을 모두가 들을 수 있도록 또렷하고 큰 목소리로 해야 해요. 바닥을 보면서 혼자 중얼거리지 말고요. 긴장해도 괜찮아요. 사람들은 다른 사람 앞에서 이야기할 때 대부분 긴장하니까요. 차분하게 숨을 고르고 미소 지으며 자신감을 보여주세요. 자기소개도 연습이 중요해요. 자신을 소개할 말을 미리 준비해 거울 앞에서 연습하는 거예요. 밝은 표정과 자신감 있는 큰 목소리로 말한다면 친구들에게 깊은 인상을 남길 수 있답니다.

자, 그럼 자기소개는 구체적으로 어떻게 해야 할까요?

자기소개는 차분하고 분명한 목소리로 이름부터 말하는 게 좋아요. 그리고 다시 이름과 성을 말하는 거죠.

"안녕하세요. 제 이름은 문영, 김문영입니다."

반복은 이름을 더 잘 기억하게 하거든요. 만약, 별명으로 불리고 싶다면 저처럼 이렇게 해보세요.

"안녕? 내 이름은 문영, 김문영이야. 그냥 '문영 코치 또는 따스코치'라고 불러줘."

나를 더 확실히 기억하게 하고 싶다고요? 그렇다면 카피라이터처럼 한 줄로 나를 말해야 해요. 그냥 한 줄이 아닌 귀에 확 꽂히는 한 줄로요. 이름 앞에 나를 꾸미는 형용사를 넣어 한 문장으로 만들어 소개하는 거죠.

"안녕하세요? 저는 따뜻한 목소리로 세상을 꽉 차게 만들고 싶은 따스코치 김문영입니다."

이렇게 이름 앞에 자신의 취미나 관심사를 넣어 자기만의 개성을 드러내는 건데요. 만약에 운동을 잘하거나, 애완동물을 키우거나, 여행을 좋아한다면 어떻게 바뀔까요?

"축구를 잘하고 좋아하는 김민석이라고 합니다."

"강아지 두 마리와 같이 사는 박민정이라고 해."

어때요? 내가 좋아하는 것과 연결한 자기소개를 통해 친구들과 선생님은 내 이름을 더 잘 기억하지 않을까요?

"안녕하세요? 저는 여러분이 매일 쓰는 휴지처럼 우리 반에 꼭 필요한 사람이 되고 싶은 정찬우입니다."

이렇게 시작하면 사람들은 호기심을 가지고 말하는 사람에게 집중하게 돼요. 자기소개는 내게 다가오고 들어올 수 있도록 문을 열어주는 것과 같죠. 이렇게 시작해서 그다음 본격적인 자기소개를 하면 된답니다.

⭐ **자기소개 준비하기**

1. 좋아하는 것이나 잘하는 것, 취미 등을 모두 써보세요.
   무엇이든 상관없어요. 많이, 자세할수록 좋아요.
2. 관련 있는 것끼리 묶어서 그룹을 지어요.
3. 그룹마다 제목을 붙여봐요.
4. 베스트 1을 뽑아 나를 설명하는 한 문장을 만들어요.
5. 베스트 3개를 중심으로 자기소개를 써봐요.

자, 그럼 어디서나 통하는, 가장 쉬운 자기소개 말하기를 정리해볼까요?

먼저 이름을 소개하는데요. 이름 앞에 자신을 대표하거나 한 줄로 설명하는 문장을 덧붙입니다. 그리고 자기소개를 계속하는데요. 자기가 좋아하는 걸 두세 개 정도 간단히 소개하거나, 장점이나 약점을 말하며 인간적인 매력 지수를 높여요.

자기소개는 또 마무리도 중요해요. 학급이나 모임 등 그룹이나 공동체에 함께하는 각오나 응원하는 말로 끝내는 게 좋아요.

"1년 동안 우리 반이 다 함께 밝고 적극적인 모습으로 즐겁게 생활했으면 좋겠습니다."

"한 학기 동안 서로 돕는 친구가 되었으면 좋겠습니다."

그리고 반드시 '감사합니다.'라는 인사로 자기소개를 마치는 것이 좋아요. '감사합니다.'는 자기소개가 멋지게 끝났음을 알려주며, 사람들의 마음을 움직여 저절로 박수를 부르기 때문에 꼭 붙여야 한답니다. 의외로 이 말을 안 하고 애매하게 자기소개를 마감하는 친구들이 있는데요. 그러면 듣고 있던 사람은 언제 끝났는지, 어느 부분에서 박수를 쳐야 할지 몰라서 당황하고 분위기가 어색해져요.

꼭 '감사합니다.'라는 말로 끝내주세요. 아래에 소개하는 김민석 친구의 자기소개처럼요.

"안녕하세요. 저는 축구를 좋아하고 잘하는 김민석이라고 합니다. 제가 가장 좋아하는 것은 축구라서 친구들과 일주일에 꼭 한 번은 축구를 하면서 공부 스트레스를 풀어요. 그 외에도 맛있는 것을 먹는 것도 좋아합니다. 언제 한번 같이 맛있는 걸 먹으러 갔으면 좋겠습니다. 저의 장점은 인사를 잘하고 밝은 성격이라서 선생님과 친구들과 빨리 친해지는 편입니다. 그런데 목소리가 아주 커서 가끔 시끄럽다는 소리를 듣기도 하는데요 그래서 상황에 따라 목소리를 잘 조절하려고 노력 중이랍니다. 1년 동안 우리 반이 다 함께 밝고 적극적인 모습으로 즐겁게 생활했으면 좋겠습니다. 감사합니다."

논리정연하게
말하고 싶을 때

음악이나 과학처럼 말하기에도 공식이 있어요. 대표적인 게 '논리정연'하게 말하는 건데요 '논리'라고 하면 10대 친구들은 무조건 어렵게 생각하는 경우가 많아요. 하지만 간단한 공식 하나만 배우면 너무 쉬워 깜짝 놀란답니다. 그렇게 자신의 이야기가 논리적으로 잘 정리되면 자신감 있는 목소리와 몸짓언어가 자연스럽게 튀어나오죠.

"그래서 핵심이 뭐야? 요점을 말해봐."

이런 말을 자주 듣나요? 횡설수설하나요? 말하기를 배우러 온 10대 중에는 자기 말이 잘 정리되지 않는다고 호소하는 친구들이 많아요. 어떻게 시작하고 끝내야 할지, 어떻게 해야 주제에서 벗어나지 않을지, 어떻게 연결해 나가야 할지 몰라 결국 길게 나열만 하다가 애매하고 흐릿하게 끝내고 말죠. 그러고 나면 스스로가 마음에 안 들어 두고두고 신경 쓰게 되고요.

한마디로 정리하면 이유가 뭘까요?

간단해요, 말하기에 '계획'이 없기 때문이에요. 그러면 어떤 말부터 꺼내야 할지, 어떻게 풀어가야 할지 몰라서 했던 말 또 하고 또 하는 횡설수설 말하기가 되고 말거든요. 말을 할 때도 '목적지를 잘 찾아갈 딱 맞는 지도'가 필요한데, 그게 없는 거예요.

내 생각을 조리 있고 논리정연하게 말하는 방법이 있어요. 바로 핵심(Point), 이유(Reason), 구체적인 예(Example), 다시 핵심(Point)으로 이어지게 말하는 거예요. 이니셜만 따서 '프렙(PREP) 법칙'이라고 하는데요. 연설가로도 유명한 영국의 수상 윈스턴 처칠이 사용해서 '처칠식 말하기'라고도 하고, 미국의 유명 컨설팅 회사인 맥킨지가 즐겨 쓴다고 해서 '맥킨지식 말하기'라고도 하죠. 짧은 시간 내에 자기 의견을 밝혀야 하거나 논리적으로 설득이 필요할 때 빙빙 돌리지 않고 명쾌하게 P-R-E-P의 순서대로 말하는 거예요.

좀 더 자세히 알아볼까요?

맨 처음 '핵심(Point)' 부분에서는 짧고 명확하게 주장하려는 핵심 메시지, 즉 결론을 먼저 말해요. 하고 싶은 말의 결론을 한 문장으로 간결하게 말하며 시작하는 거죠. 두괄식이라는 말 들어봤죠? 바로 그건데요. 신문 기사는 거의 프렙 구조로 되어 있어요. 논리적으로 전달해야 하기 때문이죠.

그다음 '이유(Reason)' 부분에서는 '그렇게 생각한 이유는' 또는 '왜냐하면'이라는 말로 시작해 그렇게 결론 낸 이유를 말하면 되는데요. 하나 또는 두 개 정도면 충분해요.

세 번째, '구체적인 예(Example)'는 가장 집중해서 듣는 부분이에요. 사람들은 주제와 관련된 에피소드나 이야기 듣기를 좋아하고, 이 부분에서 가장 적극적으로 공감한답니다. '이에 대한 사례를 말씀드리자면' 또는 '예를 들어'라는 말로 시작하는 거죠. '예를 들어'라는 말이 입에 배게 해보세요. 사람들은 그 말을 듣자마자 귀를 쫑긋 세울 거예요.

이제 풀어놓은 이야기보따리를 잘 묶는 마무리만 남았네요. 바로 '핵심(Point)', 즉 주제를 다시 반복하는 건데요. '결론적으로', '다시 한 번 말하자면', '그러므로' 등으로 시작해 맨 처음 말했던 핵심 메시지를 한 번 더 강조하는 거예요. 그러면 깔끔하고 논리정연한 말하기가 완성됩니다.

이처럼 프렙 법칙을 적용하면 하고 싶은 이야기를 군더더기

없이, 간결하고 깔끔하게 말할 수 있어요. 말하는 사람도, 듣는 사람도 아쉬움이 느껴지지 않죠.

다음은 말하기 수업 중 한 초등학생이 프렙 법칙에 따라 응답한 말이에요.

 Q. 말하기는 왜 배워야 하나요?

P. 우리는 읽기 쓰기뿐만 아니라 말하기를 꼭 배워야 합니다.

R. 왜냐하면, 말을 잘하면 친구들에게 인기가 많아지고 반장도 될 수 있기 때문입니다.

E. 예를 들어, 저는 친구가 많이 없었습니다. 그런데 말하기를 잘하게 된 이후에 쉬는 시간마다 교실에서 재미있는 이야기를 해주었더니 친구들이 많아졌어요. 그리고 다음 학기에는 반장선거에도 출마해 당선되었죠.

P. 결론적으로 인기가 많아지고 싶고, 리더가 되고 싶다면 말하기를 배워야 합니다.

이럴 때는 이렇게 말하세요

이처럼 프렙 법칙의 구조 속에 자기 생각과 의견을 집어넣으면 말이 엉뚱한 곳으로 흘러가지 않고 논리정연하고 똑 부러지게 말할 수 있어요. 발표나 의견을 말할 때 또는 면접에서 질문에 대답할 때 이 법칙을 적용해 보세요. 말을 잘하는 사람으로 인정받을 거예요.

그리고 이 프렙 법칙에 속한 말을 본론이라고 생각하고, 그 앞뒤에 오프닝과 클로징만 덧붙이면(오프닝-프렙 법칙-클로징) 말의 길이가 늘어나서 아주 잘 짜인 강연 같은 발표가 된답니다.

이럴 때는 이렇게 말하세요

설득하고
싶을 때

2014년에 방영해 많은 사람들의 관심을 끈 〈미생〉이라는 드라마가 있어요. 인기 웹툰이 원작인데, 취업의 어려움과 치열한 경쟁사회 속 고단한 직장인들의 삶을 잘 보여줌으로써 많은 사랑을 받았죠. 저도 현실 같은 스토리와 가슴을 찌르는 명대사들이 좋아 두 번이나 정주행했는데요. 대기업 배경의 드라마다 보니 다양한 프레젠테이션 모습 및 협상, 토론, 회의, 미팅 등의 장면에서는 시선을 뗄 수가 없었답니다.

그중 가장 기억에 남는 건 극도의 긴장감이 돌던 입사 경쟁 프레젠테이션이었어요. 아주 긴 시간을 들여 프레젠테이션의 좋은 예와 나쁜 예를 그대로 보여주었는데요. 특히, 주인공 '장그래'와 '한석율'이 한 조가 되어 진행했던 '파트너에게 어떤 물건을 팔 것인가? 그 이유는 무엇인가?'에 대한 경쟁 프레젠테이션은 보는 재미가 아주 쫄깃했죠.

　장그래는 파트너에게 팔 물건으로 과장님의 슬리퍼를 선택해요. 그리고 청중과 심사위원 앞에서 그 슬리퍼를 들어 올리고는 왜 사야 하는지 말하는데요. 아주 잘 짜인 설득 말하기의 표본이라 할 수 있는 'FAB 법칙'에 의한 말하기였어요.

　설득이란, 원래 그렇게 생각하지 않았으나 상대의 말을 듣고 '아, 그렇구나.' 하고 생각을 바꾸게 하는 거예요. FAB 법칙은 이처럼 설득하는 말하기의 대표적인 공식으로, 홈쇼핑 등에서 상품을 파는 쇼호스트들이 많이 활용한다고 해서 '쇼호스트 말하기'라고도 불리죠. 채널을 돌리며 스치듯 지나가는 시청자들을 붙잡아 사게 만들거든요.

　FAB는 특징, 특성을 뜻하는 '피쳐(Feature)', 장점인 '어드밴티지(Advantage)', 혜택인 '베네핏(Benefit)'의 맨 앞 글자만 조합해 만들어낸 용어인데요. 처음에는 크기, 디자인, 시각·청각·후각·미각·촉각 등 오감 요소, 소재, 무게 등 상품의 다양한 특성을 자세히 말해요. 다음으로 그 특성이나 기능에 어떤 장점이 있는지를 얘기하는데, 사람들은 그 말을 들으면서 다른 상품과 비교하며 고민하죠. 하지만 사겠다는 결정은 세 번째인, 이 물건을 가질 때 경험하게 될 예상치 못한 혜택, 가치, 영향력을 이야기하는 부분에서 많이 한다는데요. 보통 상품과 관련된 에피소드나 스토리 등을 현실적으로 공감이 가도록 말한답니다. 장점을 말하는 부분에서 고민하다가 마지막으로 생각지 못했던 가치, 혜택, 영향력을 말하는 부분에서 최종적으로 설득된다는 거죠.

우리가 매일 보는 스마트폰 광고를 떠올려보세요. 디자인이나 새로 탑재된 기능을 보여주고, 다른 제품에서는 볼 수 없는 장점을 이야기한 후, 그 스마트폰으로 무엇을 할 수 있는지, 어떤 재미를 느끼고 어떤 의미 있는 일을 할 수 있는지 확인시켜주잖아요. 그게 바로 FAB 설득의 원리랍니다.

그럼 자신의 상사인 과장님 슬리퍼를 파트너에게 팔겠다고 한 〈미생〉의 주인공 장그래는 프레젠테이션에서 FAB 법칙을 어떻게 적용했을까요? 팔 물건을 고를 때도 '누구나'에게 팔 수 있는 게 아니라 상대가 꼭 사야 하는 이유가 있어야 하는데, 장그래는 그 부분을 잘 어필했어요. 평소 늘 입버릇처럼 "현장이 중요해!"라며 자신의 신념을 주장하던 파트너 한석율의 말을 기억하고 저격한 건데요. 사무실 역시 외부의 현장 못지않은 치열한 '현장'임을 확인시키고 인정하게 만드는 게 포인트였어요. 과장님의 닳아빠진 사무실 슬리퍼를 통해 그걸 보여준 거죠.

먼저 F를 적용해 과장님이 신던 슬리퍼의 특징을 보여줘요. 발 모양에 따라 지압용 돌출 부분이 들쭉날쭉 닳은 것과 배어 있는 땀 냄새를 직접 맡으며 사무실에서의 업무에 얼마나 큰 노력이 필요한지 말하죠. 슬리퍼에 '사무실의 전투화'라는 이름을 붙이며 강렬한 인상을 심어주기도 하고요.

또 사무실은 단순히 서류 작업만을 하는 곳이 아니라고 힘주어 말하는데요. 숫자 하나, 법적 해석 하나도 실수하지 않기 위해 한시도 긴장을 놓지 못하고 수시로 밤을 새운다고 강조하며, 이런 내부 현장이 존재해야 외부 현장도 돌아가는 거라고 얘기하죠. 사무실 업무가 그만큼 중요하다는 걸 알려준 건데요. FAB의 'A', 즉 사무실을 현장과 비교하면서 특장점을 부각시킨 것이죠.

하지만 여기까지만 했다면 과장님의 슬리퍼를 팔지 못했을지도 몰라요. 장그래는 과거 프로 바둑기사가 되기 위해 공부하던 자신의 스토리로 감동을 줘요. 쐐기를 박는 거죠. 그러고는 크게 보면 이로움을 추구한다는 점에서 사무실과 현장은 같다며 마지막으로 가치와 영향력, 즉 'B'를 마무리하고 프레젠테이션을 마칩니다.

이럴 때는 이렇게 말하세요

그런데 설득에는 중요한 게 한 가지 더 있어요. 바로 상대에 대한 칭찬을 잊지 말아야 한다는 거예요. 〈미생〉에서의 장그래도 아주 자연스럽게 파트너 한석율을 칭찬하는데요. 상대에게 칭찬을 들으면 팽팽하게 밀고 당기던 긴장이 풀어지고, 경쟁상대라도 우리가 같은 편이라는 착각마저 일으키기도 해요. 자기도 모르게 상대에게 우호적으로 변하죠.

설득에는 이처럼 적절한 때 상대 마음의 벽을 허무는 칭찬이 필요하다는 사실을 잊지 마세요.

학교에서는 친구들과, 집에서는 가족과 함께 자기가 좋아하는 소지품 하나를 선택해서 FAB 법칙을 활용한 설득 말하기 놀이를 해보세요. 무조건 자신의 물건이 좋다고 우기기만 하면 안 돼요. FAB 법칙에 따라 서로를 설득하는 놀이니까요. FAB 법칙은 물건을 팔 때만 유용한 건 아니에요. 자기소개에서 성실함이나 끈기 등 자신의 강점을 말할 때도 아주 좋아요.

아리스토텔레스라는 고대 그리스의 철학자 알죠? 그는 "인간은 끊임없이 타인과 관계를 맺는 정치적 동물"이라고 말했어요. 그리고 인간이 그 사회의 구성원이 되려면 타인과 대화해야 하는데, 그때 꼭 필요한 게 설득이라면서 설득의 3요소를

이럴 때는 이렇게 말하세요

F. 안녕하세요. ○○○입니다. 저는 감사하게도 평소 사람들에게 '인상이 좋다, 후해 보인다.'라는 말을 자주 들어요. 평범하고 부드러운 이미지 덕에 빨리 친해지는 편이죠.

A. 제 장점은 한번 시작한 일은 잘 포기하지 않는 끈기가 있다는 것입니다. 중간에 어려움이 있더라도 한번 선택한 일은 완수할 때까지 해냅니다. 사실, 원래부터 그런 성격은 아니었지만(자신의 과거와 현재의 달라진 모습을 비교) 꾸준히 책을 읽는 습관을 들이기 시작하면서 제가 생각해도 끈기 있는 사람이라고 인정하게 되었습니다.

B. 작년에 팀별 수행평가를 하는데, 팀원들끼리의 관계가 원활치 못해 어려움을 느꼈던 적이 있습니다. 하지만 팀원 모두 힘들어할 때도 저는 포기하지 않고 다양한 방법을 모색해 서로 간에 연결고리를 만들었습니다. 저의 또 하나의 장점인 친화력을 살려 개인적인 고민을 상담해주거나 필요한 정보를 계속 주면서요. 그래서 시작할 때는 희망적이지 않았던 수행평가를 결국 잘 해냈습니다. 이처럼 저는 긍정적이고 끈기 있는 ○○○입니다. 감사합니다!

강조했죠. 그게 바로 에토스(인품, 인격), 파토스(감정), 로고스(논리)랍니다.

저는 말하기 수업에서 꼭 이 셋 중 무엇이 설득에 가장 중요할 것 같냐고 꼭 물어봅니다. 대부분은 첫 번째로 논리를 꼽죠. 그러다 좀 더 생각해보고 나서는 감정이 더 중요할 것 같다고도 해요. 그런데 아리스토텔레스는 첫 번째로 인품을, 두 번째가 감정, 마지막이 논리라고 했어요.

왜 그랬을까요? 생각해보세요. 똑부러지고 논리정연하게 말은 잘하는데 뒤에서 매일 뒷담화하는 친구라면 어떨까요? 아무리 그 친구 말이 맞아도 내 마음이 수긍할 수 있을까요?

됨됨이, 즉 인품이 자기가 하는 '말'과 거리가 멀어 믿음을 주지 못하면 결코 상대를 설득할 수 없답니다.

내 말에
집중시키고 싶을 때

아라비아에는 "귀를 통해 들은 것을 눈에 보이게 만드는 사람이 가장 말을 잘하는 사람"이라는 속담이 있어요. 무슨 뜻일까요? 이야기 장면이 바로 머릿속에 떠오른다는 거예요. 그러면 나도 모르게 말하는 사람의 이야기 속으로 빨려들죠.

이렇게 하려면 사실만 나열하는 게 아니라 구체적인 느낌까지 실감 나게 표현할 줄 알아야 해요.

똑같은 이야기를 해도 지루하고 밋밋하게 말하는 사람이 있어요. 처음에는 재미있다가도 뒤로 가면 김이 빠질 때도 있죠. 말하기에 자신감이 없고, 목소리도 하나의 톤으로 단조로우면 이처럼 이야기의 생동감이 떨어질 수밖에 없어요.

그렇다면 어떻게 해야 눈앞에 그림이 그려지듯 생생하게 말할 수 있을까요?

첫 번째는 오감을 활용하는 거예요.

인스타그램이나 블로그 등에 맛집이 나오면 뭘 먼저 보나요? 음식 사진과 그 밑에 쓰인 음식 소개 글을 읽죠. 한 집에는 '정말 맛있다.'라는 글이 있고, 다른 집에는 '튀김이 바삭하고 부드러운 데다 소스가 싹싹 긁어먹을 정도로 고소했다.'라는 글이 있다면 어디로 가고 싶어질까요?

말하기도 똑같아요. 그냥 모자가 아니라 '빨간 모자', 그냥 얼굴이 아니라 '눈사람처럼 하얀 아기 얼굴', '새파란 티셔츠', '샛노랗고 동그란 가방' 등 색깔과 모양을 보여주는 시각적 표현을 곁들이면 곧바로 상상력이 자극되어 더욱 집중하게 되거든요. 또 시각 외에 후각, 미각, 촉각 등의 느낌을 섬세하게 표현하면 한층 더 감각적으로 다가오죠. 상상하고 느끼게 만드는 말하기는 말하는 사람도 정말 흥겹고 재미있답니다.

저는 10대 친구들과 표현력 수업을 할 때면 피자, 떡볶이, 김밥, 햄버거 등 음식 사진을 보여주는데요. 그러고는 눈에 보이는 걸 구체적으로 잘 표현하고, 다양한 맛과 소리, 촉각과 후각 등 오감을 활용해 가장 맛깔스럽게 표현한 친구를 '맛집 리포터'로 뽑는 '말 파티'를 하죠. 그러면 밋밋하게 나열식으로 말하던 친구들도 깨닫고 다르게 표현함으로써 수업은 생기가 돌고 활기가 넘칩니다.

그런데 어느 날, 항의가 들어왔어요. 이 수업만 하고 나면 식욕이 넘쳐 견디기 힘들다고요. 어쩐지 여기저기서 꼬르륵거리는 소리가 연이어 나더라고요. 그때 이후 자신이 소개하고 싶은 음식을 가지고 와서 오감 말하기를 한 후 간식 파티를 하기도 했는데요. 그런 날은 시간이 너무 빨리 지나가 버린답니다.

또 하나의 팁은 오감과 더불어 '마치 ~처럼 보인다.', '꼭 ~가 떠오른다.' 같은 서술어를 활용해 말하는 거예요. 그렇게 말하면 머릿속에 그림이 그려지면서 상상하게 되거든요. '아빠의 뒷모습이 산처럼 커 보였다.', '새해가 되면 찬란한 아침 해가 솟아오르는 장면이 떠오른다.' 이렇게 말이죠.

두 번째는 추상적으로가 아니라 '구체적인 단어'로 자세하게 표현하는 거예요. 자기소개를 예로 들면, "저는 성실합니다."보다는 "저는 초등학교 6년 동안 한 번도 빠지지 않고 개근했습니다."라고 하면 성실이 훨씬 생생하게 와닿죠. "그 친구는 운동을 정말 좋아하고 잘해요."보다 "그 친구는 정말 운동을 좋아해요. 초등학교 입학 전부터 주말마다 축구클럽에 가서 축구를 했대요. 얼마 전에는 국가대표 선수였던 아저씨에게 실력도 인정받았대요."라는 말이 훨씬 더 생생하게 다가오지 않나요?

사람들은 이런 말에 더욱 귀를 기울여요. '주말마다', '축구클럽', '국가대표 선수였던 아저씨' 등의 표현 때문에 더 현실적으로 느끼고 반응을 보이는 거죠.

세 번째는 '고유명사와 숫자'를 사용해 말하는 거예요. 제 수업을 듣는 분 중에 교육부 대학평가기관에서 일하는 분이 있었어요. 일이 많아 여행 같은 건 꿈도 못 꾸는데, 계속 그렇게는 살기 싫어 시골에 작은 집 하나를 구하기로 했대요.

"가족들이 쉴 수 있는 또 다른 공간, 일명 '세컨 하우스'를 마련하기로 했죠. 그 후 6개월 동안 틈만 나면 당일치기로라도 기차를 타고 서울을 벗어나 집을 보러 다녔어요. 무조건 떠났죠. 여수부터 속초까지 거의 모든 곳을 다녔는데요. 결국 '대관령'으로 결정했고, 서울에서는 상상도 할 수 없는 적은 돈으로 대관령 부근 아파트를 구입했죠. 사실, 저희가 대관령을 선택했던 데는 중요한 이유가 있었어요. 오랫동안 불면증으로 고생하는 남편 때문이었죠. 알아보니 사람이 단잠을 잘 수 있는 높이

가 해발 850m에서 890m 사이라고 하는데, 그 아파트 6층이 890m 정도더라고요. 다행히도 남편은 서울에서는 제대로 잘 수 없었던 꿀잠을 잘 수 있게 되었죠. 여행을 자주 다니지 못한 한을 풀려고 마련한 집인데 불면증까지 고쳤어요. 지금은 너무 즐겁고 행복해요. 어때요? 우리 잘살고 있지 않나요?"

한 달에 한 번 '따뜻한 스피커들의 라이브 강연 코칭'에서 그녀 이미영 씨가 발표했던 '5분 말하기'에 나오는 내용이에요. 구체적이고 사실적인 숫자가 표기되어 몰입도가 엄청났죠. '지방에 집을 얻기 위해 안 가본 곳이 없고, 대관령에 집을 샀는데 너무 행복하다.'라고 추상적으로 말했다면 아마 벌써 제 기억 속에서 사라지고 말았을 거예요.

혹시 강아지와 함께 사나요? 그렇다면 친구들에게 강아지에 대해 말할 때 그냥 '귀여운 강아지'라고 하지 말고 '흰색의 보드랍고 곱슬곱슬한 털을 가진 30cm 정도의 통통한 암컷 푸들'이라고 말해 보세요. 듣는 친구는 상상하면서 더욱 몰입해 들을 테니까요.

기억에 남는 생생한 말하기를 하고 싶죠? 앞으로는 '고유명사와 숫자'를 꼭 덧붙여 말해 보세요. 살아서 펄떡펄떡 가슴에 와닿게 말하는 그런 사람이 될 수 있을 거예요.

이럴 때는 이렇게 말하세요

할 말이
생각나지 않을 때

"할 말이 생각나지 않아요."

"머릿속이 뒤죽박죽이라 무슨 말부터 해야 할지 모르겠어요."

말하기 수업에서 거의 빠지지 않고 듣는 걱정들이에요. 이런 고민을 하는 친구들은 물 흐르듯 술술 이야기하는 사람을 마냥 부러워하는데요. 어쩌면 저렇게 말을 잘하는지, 어떤 주제라도 막힘이 없다며 신기해해요. 그러면서 주어진 주제와 관련해 책도 많이 읽고 또 의견도 있는데 이상하게 말로 잘 이어지지 않는다고 호소하죠. 또 그러려는 건 아닌데 자꾸 '네, 아니요, 맞아요, 괜찮아요.' 등 '단답형'으로만 대답하게 된다며 한숨 쉬는 친구들도 있어요.

무슨 말을 해야 할지 모르는 데는 다양한 이유가 있어요. 내향적이거나 평소 말수가 적어서일 수도 있고, 원래는 말을 잘했는데 말로 인해 상처받은 경험 때문에 그렇게 되었을 수도 있죠.

말하기 수업에 참여한 초등학교 6학년 은서도 무슨 말을 어떻게 해야 할지 모르겠다며 초조하고 어려워했어요. 저는 매일 수업 후에 주제를 주고 자신이 말하는 모습을 녹화해 보내라고 했죠. 처음에는 난감해하더니 나중에는 다음과 같은 인사를 빠트리지 않았어요.

"이런 과제를 내주셔서 감사합니다."

수강생들은 대부분 녹음과 녹화 과제를 싫어하는데, 늘 과제를 내줘서 고맙다고 하니 그 이유가 궁금했어요.

은서는 성적도 좋고 말도 조리 있게 잘해 항상 학급회장을 맡았대요. 그런데 4학년 때 어느 선생님에게 이런 말을 들었다네요.

"너는 왜 이렇게 말이 많고 자꾸 나서는 거니? 무슨 애가 말하는 게 이렇게 가식적이야."

그 말은 공중에서 터져 흩어진 폭탄 파편처럼 은서의 마음

이럴 때는 이렇게 말하세요

을 찔렀어요. 그 후부터 어디서 어떤 말을 해야 할지 몰라 혼란스러웠고, 심지어 말까지 더듬기 시작했대요. 선생님 말 한마디 때문에 '말하기'에 트라우마가 생긴 거죠. 나중에는 학교도 가기 싫어 한참을 쉬었다고 해요.

고맙다고 매번 인사하는 이유를 알고 마음이 너무 짠했어요. 주제별로 마음껏 이야기할 수 있게 하고, 말하기를 하고 나면 칭찬을 해주는 제가 그토록 고마웠던 거예요.

말하기 방법을 하나하나 배우던 은서는 자신이 잘못해서 그런 말을 들은 게 아님을 알았고, 자기 목소리 톤과 말의 내용에도 믿음을 갖게 됐어요. 그리고 이제는 누구보다 논리적이면서 감동을 주는 말하기의 주인공이 되었답니다. 말로 받은 상처는 입을 닫는 것으로는 치유될 수 없으며, 말을 해야 회복될 수 있다는 사실을 은서를 통해 다시 한 번 깨달았죠.

내향성 때문이든, 어떤 상처 때문이든, 무슨 말을 해야 할지 몰라 자꾸 겁이 나나요? 그렇다면 말을 많이 해야겠다는 결심부터 내다 버리세요. 먼저 경청하는 친구, 질문하는 친구가 되어야 해요. 친구의 말을 잘 듣고 공감하는 표정으로 고개를 끄덕이거나, 다 듣고 질문을 건네는 것만으로도 충분하니까요.

말하기에 대한 공포를 없애고, 대화를 풍성하게 하며, 주제

와 맥락에 맞게 말하려면 어떻게 해야 할까요? 실제로 무슨 말부터 해야 할지 모르겠다는 친구들을 보면 대부분 한 주제에 대해 생각을 정리하고 논리적으로 말을 해본 경험이 거의 없어요. 그런 경험이 몸에 축적되지 않았으니 당연히 내어놓을 말이 없을 수밖에요.

그럴 때 필요한 게 지금부터 소개하는 '531 말하기'와 'RPST 말하기' 연습이에요.

'531 말하기' 훈련법

정말 할 말이 없다는 대학생이 있었어요. 그에게 '531 말하기' 훈련 과제를 내주었죠. 그랬더니 '라면'을 주제로 한 말하기를 녹음해서 보냈더라고요. 어떻게 하는 걸까요?

먼저 타이머를 5분으로 맞춘 후 스마트폰의 녹음 버튼을 눌러요. 그리고 '라면'에 대해 5분 동안 말을 하는 거예요. 미리 원고를 써서 읽는 게 아니라 그냥 생각나는 대로 라면에 대해 아는 것, 자신의 경험을 주저리주저리 말하는 거죠. 5분은 결코 짧은 시간이 아니에요. 해보면 너무 길어 당황스럽죠. 하지만 '아, 생각이 잘 안 나네요.'라고 말해도 괜찮으니 멈추지 말고 계속 말을 이어가야 해요. 의식적으로 5분이라는 시간을 채

위야 하는 거예요.

그렇게 5분이 끝나면 녹음을 중지하고 컴퓨터 앞에 앉아 내용을 들으면서 빠짐없이 타이핑을 해요. 그다음 그 글에서 반복된 말, 필요 없는 말, 말이 안 되는 말을 체크해 봐요. 순서를 바꾸고 싶으면 바꾸고요. 그러고 나서 다시 녹음하는데요. 이번에는 3분에 타이머를 맞춰요. 물론, 보고 해서는 안 돼요.

그다음엔 또다시 들으면서 타이핑을 하고, 그 원고로 1분 말하기를 준비해요. 무엇을 빼야 하나 고민하다 보면 결국 필요한 말만 남고 정교해지는데요. 그럼 이제 마지막으로 1분에 타이머를 맞추고 녹음을 하는 거예요.

'정말 할 말이 없다'던 그 대학생 친구는 처음에는 5분을 채우기가 무척 힘들었대요. 그런데 더 할 말이 없나 자꾸 생각하니 다양한 일들이 떠올라 오히려 시간이 모자랐다네요. 그러다 라면의 종류, 좋아하는 라면과 그 이유, 라면을 맛있게 끓이는 방법까지 신나게 말하는 자신을 발견하게 된 거죠. 어떤 주제라도 좋아요. 질문도 좋고요. 꼭 연습해 보세요.

이 훈련을 반복하면 할 말이 없어 쭈뼛거리는 데서 벗어나 할 말이 많은데 시간이 모자란 것을 아쉬워하는 자신을 보게 될 거예요.

1. 나의 장점 및 단점, 단점 개선을 위한 노력은?

2. 멘토로 삼고 싶은 사람과 존경하는 사람은?

3. 10년 후 내 모습

4. 우리 가족의 자랑거리

5. 내가 만약 100억 로또에 당첨된다면?

6. 나의 이상형

7. 내가 생각하는 삶의 가장 소중한 가치

8. 내가 생각하는 '행복'이란?

9. 내가 생각하는 '사랑'이란?

10. 세상이 아름답다고 느낄 때

11. 살아오면서 가장 행복했던 때

12. 여행을 가고 싶은 나라와 그 이유는?

13. 남자 혹은 여자라서 행복할 때는?

14. 남자 혹은 여자라서 불편할 때는?

15. 가장 부러운 사람

16. 대통령이 되면 꼭 하고 싶은 일 세 가지

17. 무인도에 갈 때 가져가고 싶은 세 가지

18. 돈이 들지 않는다면 꼭 해보고 싶은 일

19. 통일을 위해 꼭 필요한 것은?

20. 나에게 친구란 어떤 의미인가?

21. 내가 다니는 학교에 대한 3분 홍보

22. 20년 후에 열어보는 타임캡슐에 넣고 싶은 세 가지

23. 기억에 남는 추천 여행지

24. 환경문제에 대한 생활 속 실천사항

25. 부모님에게서 꼭 닮고 싶은 세 가지

26. 나는 어떤 아빠 엄마가 되고 싶은가?

27. 행복한 학교생활의 비결

28. 나만의 스트레스 해소법

29. 세상에서 가장 불쌍한 사람은 누구?

30. 생일날 받고 싶은 선물

31. 나만의 독서 비법

32. 사랑받는 사람이 되려면?

33. 외국인에 비해 한국인이 우월한 점

34. 외국인에 비해 한국인이 개선해야 할 점

35. 부모님께 꼭 해드리고 싶은 것

36. 내 인생에서 가장 어려웠던 선택은?

37. 가장 좋아하는 명언과 이유는?

38. 죽기 전에 꼭 해보고 싶은 일 3가지

39. 내 성격에 가장 큰 영향을 준 사람

'RPST 말하기' 훈련법

혼자 하는 말하기 연습에는 'RPST 말하기'도 있어요.

RPST는 Reading, Pick, Speak, Teach의 줄임말로, 내용을 외우지 않고 키워드만 가지고도 말하기를 완성도 있게 해내는 훈련이랍니다.

먼저 책이나 신문 등 읽을거리 중에서 한 가지를 선택해요. 책은 한 번에 반 페이지에서 한 페이지가 적당하고, 신문은 사설이나 칼럼 또는 관심 가는 기사를 택하면 돼요.

그다음엔 선택한 글을 읽는(R) 거예요. 한 번 읽고 나면 다시 두 번째 읽기를 하는데요, 이때는 펜으로 중요하다고 생각되는 단어를 골라(P) 체크하면서 읽기에 더 집중해요. 대략 5~7개면 적당한데, 이게 바로 내용의 키워드가 되는 단어예요.

그러고는 표시한 단어들을 다른 종이에 옮겨 적은 후, 스마트폰의 녹음기능을 누르고 그 단어만 연결해 기억나는 대로 말하는(S) 거예요. 잘 안 되면 내용을 확인하고 다시 녹음해요.

생각보다 내용이 잘 떠오르고 주요 단어만으로도 말이 이어지면 가슴이 뿌듯해지는데요. 비슷한 주제로 대화를 나누거나 발표 등을 하게 될 때 짜임새 있게 말하게 돼요. 이게 바로 마지막 티칭(T) 단계인데요. 여기까지 하고 나면 완전히 자기 것이 되는 거예요. 교육 전문가들도 다른 사람에게 말하고 가르

이럴 때는 이렇게 말하세요

칠 때 가장 오랫동안 기억에 남는다고 했거든요.

하지만 처음부터 너무 내용이 많아서는 곤란해요. 적은 양으로 시작해 차근차근 늘려나가야 해요. 또 토씨 하나하나 그대로 외우려 해서도 안 돼요. 오직 그 내용 속 키워드만 가지고 스스로 살을 붙여가며 말하기를 이어가야 하죠. 꾸준히 연습하면 분명히 조리 있고 풍성한 내용의 말하기가 가능한 사람으로 거듭날 거예요.

4장

자존감을 높이는 말 습관

자신감을 심어주는
세 가지 말 습관

　가족이나 친구 중에 '그 사람은 말을 참 잘해. 어쩌면 그렇게 이해하기 쉽게 말할까?' 하고 생각되는 사람이 있나요? 한번 떠올려보세요.

　"아, 있어요. 그 친구는 일단 목소리가 크고 자신감이 넘쳐요. 시원시원하죠. 그리고 확신에 찬 어조로 말하니까 '말을 참잘하는구나.' 하는 생각이 들어요."

　"우리 아빠요. 말 잘한다는 소리를 진짜 자주 들으세요. 제가 보기엔 유머 감각이 뛰어나서 그런 것 같아요."

　그럼 자신감 있는 목소리, 알아듣기 쉽게 말하는 기술, 유머

감각을 갖춘 사람은 타고난 걸까요? 왠지 기분상 그럴 것 같기도 하지만 아니에요! 남모르게 노력하고 연습한 결과예요. 그러면서 자신의 말이 사람들에게 잘 통한다는 사실을 알게 된 거죠.

그런데 말을 잘하는 사람의 특징이 또 있어요. 바로 강력한 문제 해결 능력과 누군가에게 질질 끌려다니지 않는 자기 주도성을 가졌다는 거예요.

저는 두 아이를 초등학교 때 홈스쿨링으로 가르쳤어요. 엄마인 제가 선생님이 되어 집에서 교육했죠. 실은, 말이 홈스쿨링이지 사교육비를 아껴 여행을 많이 다니는, 일명 '여행 홈스쿨링족'이었는데요. 꼼짝없이 학교에 다녀야 했던 친구들과는 달리 방학이 아니어도 언제든 다른 나라에 가서 보름씩, 한 달씩 살다 왔죠. 학원비 절약했다 치고 비행기 표를 사서 떠난 거예요. 현지인들이 가는 시장에서 장을 보고, 그들처럼 먹으며 생활하다 보니 그리 돈이 많이 들지도 않았어요. 짧은 여행이 아닌 한동안 그곳에 머무르는 느리고 긴 여행에서 두 아이는 현지인들과 섞이면서 몸으로 다양한 문화를 만끽했죠.

지나 아이들이나 도와주는 사람이 없으니 모든 걸 현지인에게 하나하나 물어보고 해결해야 했는데요. 그 결과 아이들이

언어를 배울 뿐만 아니라 스스로 문제를 해결해 나가는 주체
성이 저절로 길러졌어요. 모르는 사람들과 이야기를 나누거나
어울리는 것도 어느 순간부터 즐기게 되었고요.

"그 친구는 다 좋은데 표현을 잘 안 해서 좀 답답해."

이런 말을 들어본 적 있나요? 조사에 의하면, 사람이 학교나
회사에서 갈등을 겪는 이유 1위가 인간관계, 즉 의사소통 때문
이라고 해요. 그 중심에 '말'이 있는 거예요. 그리고 말은 곧 사
람의 자존감과 연결되죠. 그런데도 글쓰기나 논술은 배우면서
말하기를 연습하고 배워야 한다고 생각하는 사람은 많지 않아
요. 말도 분명 시간을 들이고 노력해서 배워야 하는 것인데도
요. 앞에서도 언급했던 스타 강사 김미경 님이 말했어요. 우리
나라 사람이 노래방에서 노래를 부르는 만큼만 말하기를 연습
하면 누구나 잘할 수 있다고요!

세 가지로 말하기

말은 내용과 그것을 나타내는 표현으로 이루어져요. 표현력
을 좋게 하는 기술 몇 가지만 알아도 말하기에 자신감이 붙기
시작한답니다. 그 첫 번째 기술은 '무조건 세 가지로 말하기'예

Excuse me,
May I ask…

학생,
혹시 이 근처에…

아, 낯선 사람하고
말하기가 너무 두려워!
부딪히고 싶지 않아

말하기에 자신감이 없군요.
그럴 땐 세 가지
말하기 기술을 익혀보세요.
자신감이 뿜뿜 생길 거예요.

요. 어떤 주제나 질문에도 대답을 세 가지로 나누어 번호를 매기며 말해 보세요.

만약, 갑자기 "너는 행복의 조건이 뭐라고 생각해?"라는 질문을 받았다고 쳐봐요. 어떻게 대답해야 할까요? 그저 의식의 흐름대로, 입에서 나오는 대로 말하면 될까요? 그러다가는 횡설수설할 가능성이 커요. 먼저 머릿속에 '세 가지로 나눠서 말하기'를 떠올리세요.

"행복의 조건이라면 지금 떠오르는 게 세 가지 정도인데요. 첫째는 우리 가족이 모두 건강한 것이고요, 두 번째는 제가 노력해서 성적이 오르는 거예요. 그리고 세 번째는 환경운동가라는 앞으로의 꿈을 위해 지금 당장 작은 행동이라도 하는 것이죠. 저는 그럴 때 행복을 느끼거든요."

사람들은 나의 말에서 '세 가지'라는 말에 먼저 집중해요. '세 가지가 있다고? 한번 잘 들어봐야지.' 생각하면서 경청할 준비를 하죠. 그리고 세 가지를 차례로 소개하면 '아, 준비를 잘했구나. '정리해서 간결하게 말하고, 아주 논리적이구나!'라고 느끼며 몰입해 듣게 된답니다.

이제부터 말을 시작할 때는 '첫째, 둘째, 셋째' 또는 '첫 번째로는, 다음으로는, 마지막으로는'을 사용하는 습관을 들여보세요. 혹 세 가지가 바로 생각나지 않더라도 차분하게 말을 이

자존감을 높이는 말 습관

어가다 보면, 어느새 그 세 가지가 딱 찾아지는 신기한 경험을 할 수 있을 거예요.

결론부터 말하기

두 번째 기술은 '결론부터 말하기'예요. 영어는 주어 다음에 바로 동사가 나와서 무슨 말인지 금방 알 수 있어요. 하지만 동사가 맨 뒤에 나오는 한국말은 끝까지 들어봐야 해요.

앞에서부터 이유와 설명을 길게 늘어놓을 때가 많죠? 혹시나 너무 직설적으로 보이지 않을까 하는 걱정과 부정적인 대답을 꺼리는 이유 때문인데요. 사람들은 사실 결론부터 들을 때 귀를 열고 더 몰입한답니다.

"저는 실수와 실패가 두렵지 않아요.(결론) 아무것도 하지 않는 것보다는 도전하고 시행착오를 겪는 게 인생을 훨씬 많이 배울 수 있으니까요.(이유) 저는 매일매일 새롭게 도전하면서 경험의 폭을 다양하고 넓게 확장해 나가는 사람이 되고 싶어요."

어때요, 깔끔하죠? 이야기 첫머리에 이유와 에피소드부터 줄줄이 나열하다 보면 헤매다가 횡설수설 맥락 없는 말이 되기 쉬워요.

이처럼 결론부터 말하고 이유나 근거를 대면 의미 전달이 잘 되고 설득력도 커진다는 사실, 잊지 마세요.

입 크게 벌리고 웃으며 말하기

세 번째는 항상 입을 크게 벌리고 미소 띤 표정으로 말하는 거예요. 발표 불안이 심하거나 발음이 좋지 않은 사람의 얼굴은 대개 무표정하거나 웃거나 딱 두 가지예요. 배우처럼 과장되게 하라는 것은 아니지만 다양한 감정에 맞는 표정으로, 입을 크게 벌리고 생기 있게 말해야 해요. 굳은 표정으로 입도 거의 벌리지 않고 말하면 전달력은 물론 이미지도 나빠져요. 입을 크게 벌리고 말해야 목소리에 울림이 생기고 발음도 좋아져 사람들에게 호감을 줄 수 있다는 것을 기억하기로 해요.

말하기를 두려워하는 사람의 머리는 뒤죽박죽 엉킨 옷장 같아요. 생각이 정리 안 되어 있으니 앞뒤가 맞지 않고 말이 항상 꼬이죠. 어렵다고 해서 말하는 상황을 자꾸 피해서는 안 돼요. 실수를 무릅쓰고 계속 연습해야 말 실력이 늘어요. 매일 꾸준히 글로 생각을 정리하고, 그것을 말로 해보세요. 결국은 연습하고 준비하는 사람이 말을 잘하게 된답니다.

존재감을 각인시키는
습관, 인사

언젠가 인터넷상에서 이런 대화를 봤어요.

"서양에서도 인사에 집착하나요? 우리나라 사람들은 '왜 인사 안 하냐, 인사 똑바로 해라, 윗사람에게 꼭 인사해라, 선배한테 인사하라'고 다그치면서 인사에 너무 집착하는 것 같아요."

답글들은 어땠을까요?

"미국에서는 눈만 마주치면 모르는 사이라도 웬만하면 눈인사함. 뭐, 선후배 이런 건 없긴 해도 인사를 안 하면 공격적이거나 반사회적인 느낌이 있음."

"안 하면 이상한 놈 되는 건 마찬가지!"

"인사 좀 하고 다녀라. 얼마나 생까고 다녔으면 주위에서 제

발 인사 좀 하라고 꼽을 주겠니!"

온라인상에서도 인사 안 한다고 혼나는 질문자를 보니 웃음이 났어요. 답글로라도 지지를 받고 싶었을 텐데, 그마저도 물거품이 돼버렸으니 좀 안쓰럽기도 했고요.

《하버드 100년 전통 말하기 수업》이라는 제목의 책이 있어요. 54인의 하버드 교수와 동문들이 쓴 말하기 비법 책인데요. '3초 이하로 첫인상 바꾸기'라는 꼭지에는 이런 말이 나와요.

"당신이 다른 사람과 인사하는 방법을 제대로 알지 못한다면 당신에게는 친해지기 어려운, 그다지 열정적이지 않은, 노력하지 않는 사람이라는 부정적인 꼬리표가 붙을 가능성이 높다."

또 인사는 전 세계 공통으로 인간관계를 구축하는 첫걸음이라면서 '눈이 마주친 순간'과 '문이 열리는 순간 상대를 보았을 때'를 인사하기 좋은 타이밍이라고 알려주죠. 저도 말하기 강의를 할 때마다 이 부분을 꼭 강조하며 들려준답니다.

우리나라 여성 기자로는 최초로 정년퇴직한 것으로 알려진 유인경 전 경향신문 기자의 강연을 들은 적이 있어요. '인정받는 사람들의 공통점, 태도의 힘'이라는 제목이었죠.

강연 중 어학은 기본이고 스펙이 어마어마해야 될 수 있는

자존감을 높이는 말 습관

UN 정직원을 6개월간의 인턴 후 면접도 안 보고 합격했다는 장한나 씨의 이야기는 지금도 잊을 수 없는데요. 그녀는 합격 후에 면접 담당자들부터 이런 말을 들었다고 해요.

"당신은 지난 6개월 동안 언제나 먼저 달려와서 인사하고 항상 웃더군요. 우리는 스펙보다 엘리베이터에 갑자기 갇혔을 때 함께 있어도 편안한 사람을 찾고 있었습니다."

"그 학생 어떤 것 같아?"

"누구? 아, 걔? 에이 인사도 잘 안 하던데?"

인사의 중요성을 모르는 10대 친구들은 거의 없어요. 그런데 알면서도 실천하지 않는 사람이 많은 것도 사실이죠. 심지어는 인사를 해야 하는 순간이 무대 공포증에 걸린 사람이 무대에 오를 때처럼 긴장돼 어쩔 줄 모르겠다는 친구들도 많아요.

얘기해보니, 말하기에 자신이 없거나 말수가 적은 친구들이 대체로 인사를 힘들어하는 것 같아요. 인사를 하려면 상대보다 먼저 말을 걸어야 하니 긴장되고, 그렇게 멈칫멈칫하다 보면 인사 잘 안 하는 친구로 오해를 받는다는 거죠.

인사는 발표나 면접 등 학교에서 공적인 말하기를 할 때도 꼭 해야 하는 오프닝이에요. 반드시 "안녕하세요?" 또는 "안녕하십니까?"라고 인사하고 이름과 함께 자기소개를 해야 해요.

하지만 자주 보는 사람이면 '자주 보는 데 뭘!' 하는 생각에, 또 처음 보면 쑥스러워서 평소에도 인사하는 게 어색하죠. 그러니 발표나 면접 등 중요한 자리에서 인사할 때 목소리가 떨리면서 불안하고, 미소를 지으려 해도 마음대로 되지 않죠.

"문 열고 걸어 들어와 인사하는 것만 봐도 안다."

면접을 많이 본 어른들이 한목소리로 하는 말이에요. 첫인상에 호감을 얻으려면 자신의 열정을 보여주는 '인사'가 '외모'보다 훨씬 중요하다는 뜻이죠. 그런 면에서 보면, 첫인상을 결정짓는 데는 3초가 걸리며, 그것을 만회하는 데는 40시간이 걸린다는 심리학의 '초두효과' 이론은 일리가 있어요.

말하기뿐만 아니라 인간관계에서 자신감을 가지려면 무엇보다 인사를 잘해야 해요. 그러려면 인사하는 것도 소리 내서 매일 연습을 해야 하는데요. 무대 공포증을 없애는, 멋진 말하기를 시작하는 최고의 방법이에요.

인사도 연습해야 한다고요? 그럼요! 그렇다고 해서 갑자기 불편한 사람을 상대로 연습할 필요는 없어요. 그가 잘 받아주지 않으면 더 큰 인사 공포를 불러일으킬지도 모르니까요. 먼저 아파트 경비 아저씨나 학교에서 일하는 직원분들, 낯선 건물의 화장실에 갔다가 우연히 마주친 청소하는 분들, 편의점에서 일하는 분들에게 먼저 인사를 시도해보세요. 이분들은 자연스럽게

허, 어른을 보면 인사를 해야지.

넌, 왜 인사를 안 하니?

어른들은 왜 그렇게 인사에 집착하는 걸까?

성공한 CEO들이 공통적으로 하는 말이 있어요.

"인사 잘하는 부하직원은 반드시 기억한다"는 거예요.

받아줄 가능성이 커요. 안 받아줘도 괜찮아요. 말하기 연습을 했다고 생각하면 되거든요. 또 주변의 아는 어른이나 친구들에게 먼저 인사해봐요. 누구의 눈치도 보지 말고요.

인사는 사람과 사람을 연결하고 소통하게 해줘요. 감정의 고리를 걸어 더욱 가까워지게도 하죠. 그러니 인사를 가볍게 여겨서는 절대 안 돼요. '안녕하세요?', '안녕!'이라는 인사는 곧 '제가 당신을 인식했어요.'라는 말이나 마찬가지예요. 다른 사람에게 인식되고 존중받기를 좋아하지 않는 사람은 없어요. 한 달 정도만 먼저 인사해보세요. 말하기와 인간관계가 크게 달라질 거예요.

어른들은 늘 말하죠. "인사 잘하면 자다가도 떡이 생긴다."고요. "인사 잘하는 부하직원은 반드시 기억한다."라는 말을 성공한 CEO들이 공통으로 한 것만 봐도 어른들의 그 말은 진실에 가까워요. 제가 생각할 때 인사를 잘하면 좋은 최고의 이유 두 가지는 '상대와의 소통에 장애물을 미리 없앨 수 있다'는 것과 '나에 대한 잘못된 평가를 뒤집을 수 있다'는 점이에요.

갑자기 일명 '놈놈놈'으로 불렸던 영화 〈좋은 놈, 나쁜 놈, 이상한 놈〉이 생각나네요. '인사하는 놈, 인사 안 하는 놈, 인사를 망설이는 놈' 중 여러분은 어떤 쪽인가요?

자존감을 높이는 말 습관

나의 품격을
높이는 습관, 경청

해마다 돌아오는 특목고나 대학 입시철이면 학원에서 면접 강의를 듣기도 하고 자소서나 생활기록부를 기반으로 예상 질문을 뽑아 면접 준비를 하는 친구들이 많은데요. 그러면 정작 입학사정관들이 가장 뽑기 어려워하는 건 어떤 유형일까요? 바로 '경청'이 안 되는 친구래요. 경청을 안 하니 질문에 맞는 대답이 아닌 엉뚱한 말을 하기 쉽거든요.

만약, 질문을 이해하지 못했으면 "다시 한 번 말씀해 주시겠습니까?"라고 말하면 된대요. 그건 아무런 문제가 되지 않는데다 꼭 정답이 아니어도 괜찮대요. 그런데 오로지 자신이 준비한 답변만을 생각하느라 질문은 듣지 않고 동문서답하는 친구들은 어떻게 할 수가 없다더라고요.

대안학교 교사로 학생과 부모를 대상으로 면접관 역할을 했던 저도 마찬가지였어요. 물론, 긴장해서 그럴 수도 있지만 엉뚱한 대답을 하는 것은 평소에 남의 말을 잘 듣지 않는다는 증거예요. '경청'은 평소에 길러지는 습관이거든요. 말을 잘하고 싶다면 먼저 '경청의 달인'이 되어야 해요. 그리고 경청은 꼭 '귀 기울여 듣는 것'만이 아니에요. 제대로 된 경청은 기술을 익히고 훈련해야 한답니다.

'경청'은 기울어질 '경(傾)'과 들을 '청(聽)'이 합쳐진 단어인데요. 청은 왼쪽에 '귀 이(耳)' 자와 '임금 왕(王)' 그리고 오른쪽 위로 '열 십(十)'과 '눈 목(目)', 아래에 '한 일(一)'과 '마음 심(心)'으로 이뤄져 있어요. 경청은 마치 왕의 말을 듣듯, 열 개의 눈으로 관찰하며, 한마음으로 집중해서 들어야 한다는 뜻이죠.

"저는 다른 사람의 말을 잘 들어준답니다."

"대화할 때 주로 듣는 편이라 친구들이 저에게 와서 속마음을 잘 털어놔요."

주변에 이런 친구들 있죠? '듣기'를 잘하면 언제 어디서나 환영받아요. 자신의 주장을 말하고 싶어 하는 사람들은 많지만, 신경 써서 상대의 말을 들어주려는 사람은 많지 않거든요.

맞아요! 경청은 에너지가 필요한 고도의 말하기 기술 중 하

자존감을 높이는 말 습관

나예요. 아무 생각 없이 듣고 있으면 흔히 우스갯소리로 '영혼이 없다'고 말하잖아요. 상대도 단박에 알아차리는 거죠. 영혼이 없는 대화를 반길 사람은 없어요.

소통의 고급 기술인 경청은 리더십에 꼭 필요한 덕목이에요. 리더십에는 카리스마 있는 말하기가 더 중요할 것 같지만, 사람들은 사실 자신의 이야기를 진심으로 잘 들어주는 리더를 더 믿고 따른답니다. 경청이 훈련된 리더나 친구 앞에서는 자신도 모르게 말을 더 많이 하게 되거든요.

우리나라에서 가장 존경받는 위인 중 한 분인 세종대왕은 신분과 상관없이 누구의 의견이든 잘 경청했던 분이었어요. 그 결과가 한글 창제였죠. 그러니 당시에 문학, 음악, 과학 등 각 분야를 통틀어 가장 인재가 많았던 건 너무나 당연한 일 아닐까요?

그렇다면 상대로 하여금 더 말하고 싶게 하고, 뛰어난 인재로 만드는 경청의 달인들은 어떤 듣기의 기술을 가졌을까요?

첫째, 공감하는 표정이에요.

늘 같거나 알 수 없는 표정으로 듣는 친구와 이야기를 나누다 보면 '지금 얘가 내 말을 잘 듣고 있나? 내가 괜한 말을 하는 건 아닐까? 혹시 억지로 앉아 있는 건가?' 하는 의심이 들

빨리 집에 가서 로블록스 해야지!

쟤는 꼭 내 얘기를 듣지 않더라…

못마땅 ―

말하기를 잘하려면 먼저 잘 들어야 해요~!

고 불안해져요. 편하게 말도 안 나오고요.

상대의 말을 듣고 있는 자신의 표정을 한번 떠올려보세요. 이야기의 흐름에 맞게 다양하게 공감하는 표정이 그려진다면 경청의 기본자세가 갖추어져 있는 거예요. 하지만 무표정하거나 어쩌다 웃는 정도로 표정 변화가 별로 없고 단조롭다면 경청이 잘 안 되는 사람인 거죠.

상대의 마음을 헤아리는 '공감적 경청'을 해보세요. 진심으로 공감하려고 하면 표정도 자연스럽고 다양해지며, 진실한 소통으로 대화의 질도 높아집니다.

두 번째는 'N분의 1'로 말하는 거예요.

저도 과거에는 경청보다는 말을 많이 하는 편이었어요. 사람들이 잘 들어주고 좋은 반응을 보이니 신이 나서 그렇게 된 건데요. 경청의 달인을 많이 만난 행운아였던 거죠. 그런데 말하기를 훈련하고 코칭을 할수록 반대가 되어갔어요. 내가 아닌, 나를 만나는 사람들이 '말하기'를 즐기고 잘하게 하는 게 바로 저의 일이었으니까요.

그건 일상으로도 이어졌는데요. 친구들과 만나거나 독서토론처럼 편하게 이야기하는 모임에서도 서로 잘 들어주는지에 자꾸 신경이 쓰이고 관심이 갔어요. 어느 날, 경청도 중요하지만 각자가 공평한 분량으로 말을 하는 것도 중요하다는 생각이 들었어요. 다른 사람들을 배려하지 않고 자기 말만 늘어놓는 사람들이 꽤 있었거든요. 그리고 계속해서 듣기만 해야 했던 사람은 그다음 모임에 나오지 않을 때가 많았어요. 자기 존재가 잘 받아들여지지 않는다고 느껴지는 모임에 나가고 싶은 사람은 없죠.

몇 명이 모였든 나를 포함해 모두가 공평히 시간을 나눠 이야기할 수 있어야 해요. 말을 잘 안 하거나 못 하고 듣기만 하는 친구를 잘 관찰했다가 그가 좋아할 만한 화제로 질문의 고리를 옮겨보세요. 그러면 한결 그 모임이 밝아지고 대화도 풍성해질 거예요.

세 번째는 '그만 설명하고 질문하기'예요.

질문의 특징은 질문을 받으면 꼭 대답해야 한다는 거예요. '오늘은 듣기만 해야지.' 하고 마음먹었던 친구도 질문에 답하다 보면 이내 신이 나서 자기 이야기를 한답니다. 물론, 노래방에서 마이크를 끝까지 내려놓지 않는 친구처럼 질문한 걸 후회하게 만드는 친구도 있죠. 하지만 그 친구가 자신의 존재를 인정받았다는 기쁨에 나중에는 리더로 변신하기도 해요.

국민 MC라고 불리는 유재석의 경청 스타일이 있어요. 그는 품격 높은 리액션의 왕이에요. 그 품격은 어디서 나올까요? 바로 상대의 장점을 잘 관찰하고 칭찬하는 것과 말하는 사람이 주인공이 되도록 질문하는 능력에서 나오는 거예요.

친구들을 만나면, 아니 만나기 전에 꼭 마음속으로 질문을 준비해 보세요. 한 친구 한 친구 떠올려보고 꼭 묻고 싶은 말을 미리 메모해요. 그 행위 또한 듣는 거거든요.

더불어 진심을 담아 칭찬의 말을 건넨다면 한층 더 깊어진 신뢰로 평생 함께하는 좋은 친구가 될 거예요.

자존감이 높아지는 습관, 칭찬

'자존감'이라는 말 알죠? 자신을 자랑스러워하며 자부심을 가지는 거예요. 친구와 비교해 자기가 더 낫다며 자존감이 높다고 말하는 친구들이 있는데, 그건 자존감이 아니라 잘난 척이에요. 자존감이 높은 사람은 새로운 걸 배우고 도전하는 일에 언제나 적극적입니다. 어떤 상황에서도 자신은 소중하고 가치 있는 사람이라고 느끼면서 무엇이든 해낼 수 있다고 생각하죠. 그래서 자기 생각과 느낌을 자유롭게 말해요.

반면, 자존감이 낮으면 새로운 도전을 두려워해요. 해보기도 전에 못 한다며 지레 포기할 때도 있어요. 또 자신의 말이 틀릴까 봐 잘 표현하지 않고, 친구들과 갈등이 생기면 푸는 걸 힘들어하죠.

어때요? 여러분은 자존감이 높은 편인가요, 낮은 편인가요?

저는 자존감이 아주 낮은 학생이었어요. 친구들 눈치를 심하게 보았고, 다른 친구와 늘 비교했으며, 질투도 심해 친구들과 갈등하면서도 어떻게 화해해야 하는지 몰랐죠.

물론, 지금은 그렇지 않아요. 자존감은 타고나는 게 아니라 훈련하면 높아진다는 걸 알고 열심히 연습했거든요. 자존감 낮고 자신감 없는 10대 친구들을 만나면 어렸을 때 저를 보는 것 같아 돕고 싶어요. 그래서 말하기 수업으로 자존감을 높일 수 있도록 노력한답니다. 말하기 연습과 훈련은 자존감뿐 아니라 나도 할 수 있다는 자기효능감을 높이는 교육이기도 하거든요.

자존감은 '말'과 깊게 연관되어 있어요. 따라서 어떤 말이 자존감을 떨어뜨리는지 알아두고 농담으로라도 하지 말아야 해요. '평소 쓰는 말'까지 바꿔야 할지도 몰라요. 예를 들면, '내가 또 이럴 줄 알았어.', '이번 생은 망했어.', '나는 혼자 할 줄 아는 게 없어.', '나를 좋아하는 사람은 없어.' 등의 부정적인 말들이에요.

미국의 신경과학자 앤드류 뉴버그(Andrew Newberg)는 《단어가 뇌를 바꾼다》라는 책에서 "단 하나의 단어일지라도 신체적, 감정적 스트레스를 통제하는 유전자에 영향을 미친다."고 했는데요. 사랑, 여행, 친구, 평화 등 어떤 단어를 입에 올리는 것만으로도 우리의 뇌 기능이 변화한다는 거예요. 자존감을 떨어뜨리는 말을 하면 실제로 자존감이 낮아지므로 의식적으로라도 안정감을 주는 단어와 문장으로 말하도록 노력해야 한다는 뜻이죠.

그렇다면 자존감을 높이는 말에는 어떤 것들이 있을까요?

★ 자존감을 높이는 말

"지난번 시험도 잘 통과했잖아. 이번에도 잘할 수 있을 거야."

"난 정말 장점이 많아. 그러니 약점 말고 장점에 집중하자."

"괜찮아. 내가 얼마나 소중한 사람인지 알지?"

"잘못해도 괜찮아. 다른 사람과 달라서 좋잖아!"

"나는 끈기가 있어. 심호흡하고 다시 시작하자."

자존감을 높이는 말 습관

나쁜 생각을 하다 보면 기분이 찜찜해지고, 미소를 짓다 보면 나도 모르게 기분이 점점 좋아지잖아요. 말도 마찬가지예요. 한마디라도 잘하면 자존감이 올라가는 걸 느낀답니다. 그러니 나만의 '만트라(신비한 힘이 담긴 단어)'처럼 이런 말들을 적극적으로 사용했으면 좋겠어요. 내가 한 말은 제일 먼저 내 귀에 들리고, 내 마음에 흡수되며, 곧 다시 '내'가 되니까요.

자존감을 높이는 언어생활의 핵심을 정리해볼까요?

첫째 '자신을 비하하는 말은 농담으로라도 하지 말 것'과 '배움과 성장으로 연결되는 긍정적인 표현을 쓸 것"이에요. "또 실수했네."라고 하지 말고 "하나 더 배웠네.", "그럴 수도 있지. 앞으로는 이런 실수 안 하게 시스템을 만들자."라고 말이죠.

둘째는 남이 나를 칭찬하지 않는다고 불평하지 말고 스스로 칭찬하는 습관을 들여야 해요. 사소한 일이라도요. 손발이 오그라든다면 매일 쓰는 다이어리 같은 곳에 칭찬 메모나 칭찬 일기를 추가해서 쓰는 것도 좋아요.

'이번 주는 숙제를 충실히 하면서 성실하게 보냈어!'

'○○과의 사이에서 힘들어하는 친구의 이야기를 들어주고 함께 놀아준 나를 칭찬해!'

어때요? 기분이 좋아지죠?

우리는 자신의 단점과 실수에만 집착하고 자책할 때가 많아요. 매일 의식적으로 사소한 일에도 자신을 칭찬하는 습관을 길러주세요. 그 작은 습관들이 자신감 충만한 당당한 삶을 살게 하고, 자신의 진가를 스스로 알게 할 거예요.

마지막으로 '말을 많이 하는 것과 너무 적게 하는 것' 두 가지를 모두 경계해야 한다는 점도 기억하세요. 둘 다 모두 대화의 흐름을 방해하며, 결국엔 비호감을 일으켜 관계에도 나쁜 영향을 끼치거든요.

제 자존감은 이제 정말 괜찮냐고요? 지금의 제 별명은 '에너자이저', '분위기 메이커'예요. 말하기를 연구하고 연습하면서 '공감 능력 높은 사람', '감정이입을 잘하는 사람'이 되었기 때문이죠.

저는 대화 중에 자신을 스스로 소외시키는 자존감 낮은 사람을 곧잘 알아채는데요. 그런 친구를 보면 '이 친구는 어떤 말을 듣고 싶을까? 어떤 말을 해주어야 어색하지 않고 자신의 존재감을 느끼면서 마음이 편안해질까?' 하는 생각으로 가득 차요. 그래서 세심하게 관찰하고 적절한 말을 찾아내 말을 걸죠.

"아, 아까 어떤 친구가 말할 때 기분 좋게 웃던데, 혹시 그쪽

아, 난 할 줄 아는 게
하나도 없어…

처-참

아무도 나를 좋아하지
않을 거야.

흠

이번 생은 망했어!

엉

자존감을 떨어뜨리는 말을 하면
정말로 자존감이 떨어져요.
그래서 일부러라도
안정감을 주는 단어와
문장으로 말해야 해요.

에 관심 있니? 궁금해."

그러면 투명 인간 같던 친구도, 눈동자가 이리저리 흔들리던 친구도 안심하고 말을 하기 시작한답니다.

이제 저는 자존감과 자신감이 높은 사람을 봐도 부러워하거나 나랑 비교하지 않아요. 그들도 남모르게 노력한 결과일 테니까요. 대신, 자존감을 높이는 말하기로 더 공감하는 삶을 살려고 노력한답니다.

어때요? 친구들도 오늘부터 자존감 높이는 말하기를 실천해 보지 않을래요?

나를 특별하게
만드는 습관,
'말 통장'

10대 친구들이 간혹 오해하는 게 있어요.

'특별한 게 없는데 무슨 말을 하겠어!'

'쟤는 책을 많이 읽어서 말을 저렇게 잘하나 봐.'

그러면서 주제에 맞는 이야기를 해야 하는데, 자기는 특별히 기억나는 일도 없는 데다 책도 별로 안 읽어서 말을 못한다고 생각하죠. 물론, 이런저런 지식이 말을 잘하는 데 도움을 주기는 해요. 독서도 마찬가지죠. 하지만 꼭 그것 때문에 말을 잘하는 건 아니에요. 단 한 페이지, 아니 한 줄을 읽더라도 어떻게 활용해 말하느냐가 더 중요하죠.

그리고 지식보다 '자신의 스토리'만큼 사람을 몰입시키고 마음을 열게 하는 건 없어요. 이렇게 말하면 또 엄청난 스토리가 있어야 하는 것 아니냐며 부담감에 사로잡히는 친구들이 있는데요. 그렇지 않아요. 일상에서 경험한 에피소드면 충분해요. 그런데 문제는 주제에 걸맞은 내 스토리가 그때그때 상황에 맞춰 기억나지 않는다는 데 있어요. 또 기억이 나도 어떤 부분을 어떻게 뽑아내 말해야 할지 몰라서 못 하죠.

좋은 방법이 있어요. 이 방법을 습관화하면 평소에 말을 잘하게 될 뿐 아니라 발표나 면접 같은 중요한 순간에도 힘을 발휘할 수 있을 거예요. 바로 자신만의 '말 통장'에 말을 차곡차곡 저축하는 거예요. 작은 수첩 하나를 준비해 말할 거리를 메모해 모아 두는 거죠. 그러면 주제에 따른 발표가 두렵지 않게 돼요. 말을 잘하는 대표적 직업 중 하나인 아나운서나 강사들은 대부분 이런 방식으로 말하기 연습을 한답니다.

강사 김미경 님은 《아트 스피치》에서 스토리, 즉 에피소드의 중요성에 대해 이렇게 말했어요.

"에피소드에도 격이 있는데, 책 내용을 발췌 정리하는 것은 하급, 남의 경험은 중급, 내가 직접 경험한 건 상급……."

10대 친구들도 독서 노트와는 다른, 오직 '말'을 잘하기 위한 '말 통장' 수첩을 따로 가지고 다녔으면 좋겠어요. 거기에 평소에 재미있었던 일, 어떤 배움을 얻은 일, 특별하게 기억하고 싶은 일 등을 그냥 지나치지 말고 짧게 적는 거예요. 명언, 고사성어 또 누군가의 멋지다고 생각되는 말도 써두고요. 내가 말할 때 인상적인 짧은 문구들을 넣으면 말의 품격이 높아지거든요.

말 통장에 기록할 때는 몇 가지 기억할 것이 있어요.

첫째는 '관찰'이에요. 소소한 내 일상이 공감과 설득에 중요한 스토리가 된다는 사실을 잊지 말고 관찰자의 태도로 관찰하는 거예요. 두 번째는 '메모법'인데요. 예를 들어, '여름방학에 여행을 못 간 대신 친구들과 집에서 파자마 파티를 했다.'라고 사건만 적어놓으면 발표에 활용하기 어려울 수 있어요. 친구들과 나누고 싶은 감정과 교훈까지 함께 써야 해요. 비슷한 일을 경험했어도 느끼고 깨달은 점은 각자 다르니까요.

그럼 이 파자마 파티 이야기는 어떻게 쓰는 게 좋을까요?

'여름방학에 여행을 못 간 대신 친구들과 집에서 파자마 파티를 했다. 너무 즐거운 시간이었다. 꼭 멀리 가지 않아도 좋은 아이디어만 있으면 친구들과 행복한 시간을 보낼 수 있다는 걸 알았고, 그렇게 할 수 있도록 해준 부모님께 감사했다.'

평범한 일상만큼 청중의 공감을 사는 에피소드도 없어요. 그런데 그걸 모르는 친구들이 많아요. 자신의 이야기를 진솔한 말로 풀어낼 때 사람들은 마음을 열고 감동하며 설득되는

거예요. 그 평범한 일상의 소중함은 그대로 전달되어 마음속에 큰 울림을 가져오거든요.

사실, 우리에게는 쓰기만 하고 거들떠보지도 않는 메모가 엄청 많아요. 김미경 강사님은 자신의 '에피소드 노트'를 심지어 찜질방 불가마에서도 펼칠 만큼 수시로 들여다보았다고 해요.

저는 방송국에서 일할 때 늘 두 개의 수첩을 들고 다녔어요. 하나는 '말 통장'이었고, 다른 하나는 사람들과 인터뷰를 하거나 평소 방송을 보면서 신선하고 독특하다고 느낀 단어와 문장을 메모하는 '나만의 어휘사전'이었죠. 이 두 권을 방송 원고나 멘트를 쓸 때, 중요한 자리에서 말할 때를 대비해 매일 자기 전에 들여다보며 수정하고 보태며 관리했답니다. 생방송에서 어휘력이 풍부하고 애드립을 잘 친다는 평을 들은 건 바로 이 두 개의 수첩 덕분이었죠.

말하기를 잘하고 싶다면 '말 통장' 수첩을 만들어 어디든 지니고 다녀보세요. 그리고 등하굣길이나 친구를 기다릴 때도 수시로 들여다보는 거예요. 말 통장과 친하게 지내다 보면 어떤 주제든 생각하는 속도가 빨라지고, '할 말이 있는' 사람이 되며, 설득력 있고 감동을 주는 빛나는 스피커로 거듭날 거예요.

세상을 밝히는 '따뜻한 스피커'가 되기를

'따뜻한 스피커'의 '따스코치'라는 이름으로 14년을 살았어요. 현장이나 온라인 속 강연자일 때도, 브런치 작가일 때도, 〈나만의 오디오, 나디오〉의 오디오 작가일 때도 저는 '따뜻한 스피커'였어요. 그리고 따뜻한 스피커라면 내 가슴에 먼저 울림을 주는 진심 담긴 '말'을 꺼내는 게 중요하다고 생각했죠. 내 몸과 마음을 통과하지 않은 말은 꾸며낸 공허한 말이 될 것만 같았거든요.

누군가에게 하고 싶은 '말'이 따뜻하게 전달되어 그의 마음도 감동하고 공감하게 만드는 코치가 되는 것! 그게 바로 말하기 코치인 저의 페르소나예요. 즉, '따뜻한 스피커'인데요. 이

자존감을 높이는 말 습관

이름을 입 밖으로 내어놓는 순간 저는 따뜻하고 친절한 '공감의 달인'으로 변신한답니다.

그렇게 사는 기분은 어떠냐고요?

사실, 불친절하기가 얼마나 어려운지 몰라요. 다른 사람에게 전하려는 문자 메시지나 하고 싶은 말들을 쓸 때도 복기하고 돌아보죠. 하고 싶은 대로가 아니라 상대가 상처받지 않을 말, 듣기 원하는 말을 세심하게 찾아서 하게 돼요. 진심으로 응원한다는 걸 알려주고 싶으니까요. 사탕 발림 같은 아부라고요? 그렇지 않아요. '따뜻한 스피커'라는 페르소나로 살면서 언어 감수성, 사회 감수성, 관계의 감수성 공부를 많이 했거든요.

국문학을 가르치는 어느 교수님의 글을 신문에서 보았어요.

"독의 언어를 약의 언어로 바꾸는 언어 감수성을 높여야 사회가 진화한다. 누군가의 언어는 그의 자화상이고, 한 사회의 언어는 그 사회의 빛과 어둠을 비춰주는 거울이다. 한 개인과 사회가 지닌 언어 감수성은 중요하다. 왜냐면 언어 감수성은 독의 언어를 약의 언어로 바꾸고, 우리 사회의 수준이 높아지게 하는 것이기 때문이다. 그러나 언어는 본질적으로 상대를 향한다. 내가 아니라 '상대에게 어떻게 들릴까?'가 중요하다."

스스로 '따뜻한 스피커'라고 부르기 시작했을 때 부담과 걱정이 컸어요. '아, 이름 따라 살기 엄청 어렵겠구나.' 이런 생각이 들었거든요. 하지만 시간이 쌓이면서 "이름 참 잘 지으셨어요.", "이름과 너무 잘 어울리세요."라는 말을 듣게 되고, 조금씩 성숙해지는 제가 마음에 들기 시작하면서 '따뜻한 스피커'로 살기에 진심이 되었죠.

10대 친구들도 모두 '따뜻한 스피커'가 되었으면 좋겠어요. 그런 여러분이 '말'을 하기 시작하면 얼었던 분위기가 녹고, 어색했던 사이가 친밀해지며, 갈 곳을 몰라 헤매던 마음들이 힘을 얻어 자신감으로 차오르게 될 거예요. 물론, 그럼에도 간혹 대화가 통하지 않는 상대를 만날 때가 있겠죠. 그가 아주 가까운 사람일 수도 있고요. 그렇다고 '나는 아직 안 되는구나.' 생각하며 자책할 필요는 없어요. 그 노력의 방향을 '나'로 바꾸면 돼요. 상대가 아니라 나를 친절하게 대하는 거죠. 그러면 내면이 더 강해져 그 누구도 나를 함부로 대하지 못한답니다.

"모두에게 친절할 수는 없어. 나에게 해를 끼치는 사람에게까지 친절할 필요는 없어. 그때는 거리를 두고 너를 숨 쉬게 해. 창가에서 책을 읽다가 창밖의 거리를 천천히 눈에 담으며 시간을 좀 가져. 잘하고 있는 거야!"

제가 저에게 자주 했던 말이에요.

저는 인간의 '선의'를 믿어요. 입 밖으로 나온 '외면의 보이스'가 거칠면 '내면의 보이스'를 상상하죠. 네, 맞아요. 본심은 그렇지 않을 때가 아주 많거든요. 믿음은 힘이 세요. 인간은 조금 기다리며 믿음을 보여주면 반응하는 존재예요. 그 믿음이 우리를 '따뜻한 스피커'들의 세상으로 데리고 갈 거예요.

작은말 한마디에도 상처받아 땅끝을 헤매던 저를 담대하고 따스한 '따뜻한 스피커'로 거듭나게 하신 하나님께 감사드려요.

 따뜻한 스피커가 되는 '10가지 방법'

1. 호흡, 발성, 발음, 마스크 공명법 하루 5분 연습

2. 책으로 하는 '낭독 말하기' 하루 5분 연습

3. 카드나 그림을 놓고 말로 표현하는 연습

4. 나만의 어휘 노트 만들고 활용하기

5. '말 통장' 수첩 만들고 활용하기

6. 내가 닮고 싶은 말하기 롤모델 찾아 따라 하기

7. 모든 말은 'PREP 법칙'의 순서대로 하기

8. 말할 기회를 찾거나 만들기

9. 항상 미소 지으며 말하기

10. 나와 타인에게 똑같이 친절하기